中央高校基本科研业务费专项资金资助项目
Fundamental Research Funds for the Central Universities
国家自然科学基金项目（71503284）研究成果

U0516993

经济周期传导机制与战略性新兴产业的培育

——基于协同发展与政策合作的研究视角

Business Cycle Transmission Mechanism and the Cultivation of Strategic Emerging Industries

—from the View of Collaborative Development and Policy Cooperation

李林玥　著

中国财经出版传媒集团

经济科学出版社
Economic Science Press

图书在版编目（CIP）数据

经济周期传导机制与战略性新兴产业的培育：基于协同发展与政策合作的研究视角/李林玥著．—北京：经济科学出版社，2018.8
ISBN 978 – 7 – 5141 – 9698 – 6

Ⅰ.①经… Ⅱ.①李… Ⅲ.①新兴产业－产业发展－研究－中国 Ⅳ.①F279.244.4

中国版本图书馆 CIP 数据核字（2018）第 202494 号

责任编辑：王　娟　张立莉
责任校对：蒋子明
责任印制：邱　天

经济周期传导机制与战略性新兴产业的培育
——基于协同发展与政策合作的研究视角
李林玥　著
经济科学出版社出版、发行　新华书店经销
社址：北京市海淀区阜成路甲 28 号　邮编：100142
总编部电话：010 – 88191217　发行部电话：010 – 88191522
网址：www.esp.com.cn
电子邮件：esp@ esp.com.cn
天猫网店：经济科学出版社旗舰店
网址：http://jjkxcbs.tmall.com
北京季蜂印刷有限公司印装
710 × 1000　16 开　11.25 印张　200000 字
2018 年 9 月第 1 版　2018 年 9 月第 1 次印刷
ISBN 978 – 7 – 5141 – 9698 – 6　定价：58.00 元
（图书出现印装问题，本社负责调换。电话：010 – 88191510）
（版权所有　侵权必究　打击盗版　举报热线：010 – 88191661
QQ：2242791300　营销中心电话：010 – 88191537
电子邮箱：dbts@ esp.com.cn）

前　　言

本书获得国家自然科学基金青年项目"新常态下中国经济与世界经济周期协动性的传导机制及相关政策研究"的资助,是这一研究项目的阶段性成果。内容包括导论,经济周期、产业内贸易及国际政策协调,中国的增加值贸易与经济周期协动性,"一带一路"沿线经济体与中国的贸易发展,国外宏观经济政策的溢出效应分析,金融经济周期下的宏观稳定政策,战略性新兴产业国际化发展研究,总结与展望,共八章内容。本书是在一个相互作用、相互联系的全球化经济下,以中国经济与世界其他经济体之间经济周期的关联度为研究对象,从宏观数据着手,分层次构建多个动态因子分析模型,在综合传统经济周期理论、国际经济周期理论、世界经济周期理论及其指标体系的基础上,侧重研究中国经济周期与世界经济周期协动性的传导机制与相关政策。在结合金融经济周期理论、产业发展理论、经济增长理论及其指标体系的基础上,运用全球宏观数据库(EIU)、美国联邦储备银行圣路易斯分行的 FRED 数据库、世界银行的世界发展指数(WDI)、国际货币基金组织(IMF)的国际金融数据库(IFS)、香港环亚经济数据有限公司(CEIC)数据库、中经网统计数据库、国研网的战略性信息产业数据库以及中国工业企业和海关进出口企业大样本数据,来研究外部冲击及内部冲击对中国经济及世界经济协动性的影响及传导机制,以揭示研究世界经济周期波动的新特征对于协调中国经济与世界经济发展的重要作用,并据此提出,中国应对世界经济周期波动新特征的相关政策建议具有重大理论意义和实践应用价值。

第 1 章,导论。主要阐述本书的选题背景及研究意义、国内外相关研究现状、发展动态以及主要的研究内容和研究方法。

第 2 章,经济周期、产业内贸易及国际政策协调。对影响经济周期传导的贸易渠道进行重点研究,采用多维度面板回归分析法侧重分析产业内贸易对经济周期同步性的影响程度,同时,实证分析还比较了产业内贸易与产业间贸易的差异。

第3章，中国的增加值贸易与经济周期协动性。本章从宏观层面、产业层面以及产品层面分析了传统贸易统计方式和增加值贸易统计的异同，通过数据分析，得到传统贸易统计方式的确会夸大实际贸易状况的结论。研究发现：（1）国际贸易、国际直接投资和产业内贸易水平的提高都会增加我国与其他国家的经济协动性，而产业结构的差异则会降低我国与其他国家的经济协动性。（2）回归系数表明，国际贸易对经济协动性的影响要明显高于国际直接投资对经济协动性的影响。（3）以产业贸易为主的两国间经济协动性较高。鉴于此，本书提出了加大增加值贸易研究，正确测算实际贸易状况；优化贸易出口结构，实现贸易结构的多元化；通过全球经济治理上的协调来减少外部经济冲击对我国的负面影响等几点政策建议。

第4章，"一带一路"沿线经济体与中国的贸易发展。本章运用1995～2012年61国的面板数据，采用普通最小二乘法、泊松伪最大似然估计方法及工具变量法，以灯光数据作为GDP的替代量，通过传统引力模型搭建桥梁，探索构建灯光数据对贸易研究的可行性。研究发现：地理距离、边界及区域协定对中国与"一带一路"国家之间贸易的显著影响表明灯光数据对贸易研究的有效性。同时，对1996～2012年贸易趋势的预测与实际贸易的对比结果显示，以灯光数据预测的"一带一路"贸易趋势与实际贸易基本吻合。本书的创新点在于将夜间灯光数据应用于引力模型研究中，对中国与"一带一路"国家的贸易发展状况进行分析，开拓夜间灯光数据研究贸易的先河，并结合引力模型的最新发展及微观基础思考拓展性进行相关研究。本章的附录部分还呈现了这部分研究的成果要报形式。

第5章，国外宏观经济政策的溢出效应分析。本章利用蒙代尔—弗莱明（Mundell Fleming）的IS－LM－BP模型来分析国外扩张性宏观经济政策对国内经济的溢出效应。对于每一类型的扩张性政策，不同的资本流动性及汇率制度会使国内经济产生不同的动态反应。在固定汇率制度下，冲销式干预与非冲销式干预也可能产生不同的反应。理论分析基于不同的情形组合，实证数据支撑理论分析的结果。研究结果对政策相关性或协调性研究具有一定的现实意义，并且还揭示了经济周期在真实经济中的传导情况。

第6章，金融经济周期下的宏观稳定政策。本章在吸收已有研究成果的基础上，借用博弈论的思想，以全新的视角建立一个考虑国家之间力量不均等及微观企业理性决策假设的动态博弈模型，为系统全面地研究金融经济周期下的宏观稳定政策提供新思维。

第7章，战略性新兴产业国际化发展研究。本章结合前几章的研究内容，并在此基础上进行拓展和深化，围绕战略性新兴产业的国际化发展研究方向展开，提出可行的战略性新兴产业的研究框架。

第8章，总结与展望。本章对全书的内容进行系统总结，并得出本书的主要结论以及未来研究的方向。

目　　录

第 1 章

导　　论

1.1　研究背景及意义

1.1.1　研究背景

2018 年是中国改革开放 40 周年，也是十九大后的开局之年、决胜全面建成小康社会的关键之年，以及推进供给侧结构性改革的深化之年。回顾这 40 年的经济发展历程，中国式发展已取得了举世瞩目的成就：中国经济自 1978 年改革开放以来，保持了年均 9.5% 以上的高速增长，经济总量位居世界第二。然而，从 2012 年起，中国经济的增长速度开始出现一定程度的下降，经济发展进入"新常态"阶段，深层次矛盾逐渐显现，产业结构调整为"稳增长、调结构和提质量"这一改革立足点中的核心内容。同时，2013~2016 年，中国国内生产总值平均年增长率达到 7.2%，高于同期世界经济的 2.6%，以及发展中经济体 4% 的平均增长率水平，超过美国、欧元区及日本对世界经济发展贡献率的总和，位居世界第一位，这是环顾全球无可企及的成绩单。2017 年，中国 GDP 增速达到 6.9%，实现了 7 年以来的首次提速（国家统计局，2018）。

在经历了 40 年的高速增长之后，中国经济与世界经济都进入到一个动态的、不断塑造新的世界经济大格局的发展进程中，即"新常态"阶段。于是，"稳增长、调结构和提质量"成为经济建设过程中改革的立足点。2013 年 9 月和 10 月国家主席习近平分别提出"丝绸之路经济带"和"21 世纪海上丝绸之路"的倡议，即"一带一路"倡议，从而成为亚太地区乃至世界经济增长的新动力源泉。[①] 在经济全球化背景下，如何更好地规划和协调中国与世界其他国家的政策，充分发挥双边及多边各方的力量？中国经济与世界经济周期的协动性与非协动性是如何相互影响的？传导机制何在，以及对政策的指导意义是什么？鉴于此，本书将从理论和实证两个方面进行系统性研究并对上述问题作出回答。

随着中国在世界经济中的地位不断提升，对外贸易规模大幅增长，同时，在全球金融一体化发展的背景下，中国经济与世界经济的相互依存度越来越高，关系日益密切。从 2008 年美国爆发的全球金融危机来看，中国股票市场与欧美股票市场呈现同涨同跌的现象，而中国政府相机抉择所采取的宽松货币政策也正好与美国同期实行的量化宽松政策遥相呼应（杨子晖和田磊，2013）。与此同时，伴随着全球金融一体化的发展，各国间的资本互持程度加深，通过汇率和资产价格波动带来巨额财富的跨国转移必然会对各国经济的协动性和汇率政策造成较大的直接影响和间接影响。由于国内外各种因素相互交织、相互影响，通过国际贸易、国际投资以及国际金融的传导渠道，中国与欧美等经济体的宏观经济变量具有明显的协同性波动，进一步带动相关政策的跨国关联性。因此，中国经济与世界经济的互动性已经显著加强并进入双向反馈的阶段。一方面，中国要接受国际规则的挑战从而提升国际化水平；另一方面，通过日益增强的经济实力影响世界经济并提高中国要素的比重。

2008 年国际金融危机爆发以来，中国经济发生了明显的结构性变化，尤为突出的一个特征是伴随着实体经济低波动的金融业开始日益膨胀，出现金融周期与经济周期的背离。比较典型的例子是消费者价格指数（CPI）和生产者价格指数（PPI）之间出现"双背离"的现象，即 CPI 与 PPI 之间的背离关系不仅表现为相关性上的背离，还表现为波动性上的背离。然而，我国 CPI 与 PPI 出现"双背离"的同时却仍然与美国 PPI 和全球大宗商品指数保持着高度同步，反映了全球经济与我国经济的相互影响（中国社会科学院经济研究所宏观经济课题组，2018）。

总体来看，在我国经济高速发展的背后，经济发展方式存在深层次的问题，传统产业的发展是以资源和环境的大量消耗为代价的，而长期来看，这是不可持续的。为全面建设小康社会，实现可持续发展，中国经济就必须探寻经济增长的新引擎。"大众创业，万众创新"成为新时代激发

---

① 2015 年 3 月 28 日，国家发展改革委、外交部、商务部联合发布了《推动共建丝绸之路经济带和 21 世纪海上丝绸之路的愿景与行动》。

创新活力促进经济增长的理念之一。2010 年 10 月，国务院发布了《关于加快培育和发展战略性新兴产业的决定》，明确提出了我国培育和发展战略性新兴产业的中长期目标。战略性新兴产业是基于我国国情所提出的、具有中国特色的独特概念。2009 年 12 月召开的中央经济工作会议正式明确了要"加快培育战略性新兴产业"的总体思路，将战略性新兴产业的概念界定为：掌握关键核心技术，具有市场需求前景，具备资源能耗低、带动系数大、就业机会多、综合效益好的新兴产业（熊永清，2013）。目前，我国确立的战略性新兴产业涉及的重点领域包括：新能源汽车、节能环保、新一代信息技术、生物育种产业、高端装备制造产业、新能源及新材料等。新常态经济下对产业结构调整与升级的要求主要体现在产业政策的转变上，大力发展战略性新兴产业和服务业的同时淘汰和重组过剩产能。发达国家的新兴产业是在传统产业充分发展后提出来的，因此，可以与传统产业实现良好地衔接。然而，我国的战略性新兴产业的培育和发展是在传统产业发展不充分的情况下成长起来的。从全球价值链（GVC）层面看，我国的传统产业现阶段仍然处于"微笑曲线"（低附加值生产环节）的低端位置，难以获得高端价值收益。同时，我国的传统产业数量约占整个企业数量的 2/3，传统产业依然是我国国民经济的支柱，而作为实现经济可持续健康发展的战略性新兴产业亟待加强培育。目前，我国正面临着对传统产业的调整改造和对战略性新兴产业的培育发展。我国的产业发展面临着传统产业调整改造的高峰与战略性新兴产业培育的高峰接近的"双峰逼近效应"，在资源和时间的双重制约下，解决"双峰逼近效应"的最优路径是促进战略性新兴产业与传统产业的耦合发展（李少林，2015）。

继循环经济之后，进一步解决人类社会可持续发展问题的经济形态是"耦合经济"（蔡漳平，2011）。"耦合经济"是指经济、环境及可持续社会的和谐发展。"耦合"一词借助物理学概念，指两个或两个以上的系统相互作用和相互影响，在良性互动下，相互协调、相互促进的动态关联关系。产业耦合则是指产业间正向的关联关系。如何在经济全球化、新常态经济及"一带一路"背景下，推动我国传统产业的转型升级，并在此基础上，培育和发展战略性新兴产业，实现战略性新兴产业与传统产业之间的耦合发展？战略性新兴产业与传统产业发展之间的耦合互动机制何在，以及相关政策的指导意义是什么？本书将从理论与实证两方面进行系统研究并对上述问题作出深入分析和认真解答。

1.1.2 研究意义

本书将新常态下金融周期与经济周期的分离作为研究背景，在一个相互作用、相互联系的全球化经济下，以中国经济与世界其他经济体之间经济周期的关联度为研究对象，从宏观数据着手，分层次构建多个动态因子分析模型，在综合传统经济周期理论、国际经济周期理论、世界经济周期理论及其指标体系的基础上，侧重研究中国经济周期与世界经济周期协动性的传导机制与相关政策，以及战略性新兴产业与传统产业的耦合促进机制及相关政策。本书通过构建多维度动态因子模型，在结合金融经济周期理论、产业发展理论、经济增长理论及其指标体系的基础上，运用全球宏观数据库（EIU）、美国联邦储备银行圣路易斯分行的 FRED 数据库、世界银行的世界发展指数（WDI）、国际货币基金组织（IMF）的国际金融数据库（IFS）、香港环亚经济数据有限公司（CEIC）数据库、中经网统计数据库、国研网的战略性信息产业数据库以及中国工业企业和海关进出口企业的大样本数据，研究外部冲击及内部冲击对中国经济和世界经济协动性的影响及传导机制，以及对战略性新兴产业及传统产业的影响，以揭示研究世界经济周期波动的新特征对于协调中国经济与世界经济发展的重要作用，同时，研究金融经济周期波动对促进战略性新兴产业与传统产业协同发展的重要性，并据此提出中国应对世界经济周期波动新特征的相关政策建议具有重大理论意义和实践应用价值。

（1）研究中国经济周期与世界经济周期协动性的理论意义和学术价值。首先，丰富对影响中国与世界经济周期波动因素的认识。之前关于中国经济周期的分析主要在小国模型或者封闭经济下，本研究则在一个相互联系、相互作用的多国模型下进行讨论，基于中国的现实背景，探讨影响中国经济与世界经济周期协动性的生成原理及影响因素，是对已有关于世界经济周期协动性研究的补充和深化，能对影响中国经济与世界经济协动性的因素形成更全面、更深入的认识。其次，丰富多层动态因子模型的实证研究。高丝等（Kose et al.，2003）和芒什等（Moench et al.，2013）提出的多层动态因子模型以及杨子晖和田磊（2013）提出的三层静态因子模型都是通过考察国别宏观经济变量之间的关系来研究中国经济与世界经济的协动性，后续的研究在借鉴之前研究的基础上对宏观经济变量的选取进行扩展和整合，鲜有研究从国内的产业层面对模型的应用进行拓展。本书将在考量国别宏观经济变量间关系的基础上，继续考察国内各省之间宏观经济变量的关系，并以中观的产业层面作为联接宏观与微观的桥梁，多层次深入探讨世界经济周期协动性的传导机制。

（2）研究中国经济周期与世界经济周期协动性的现实意义和应用价值。第一，为分析中国应对世界经济周期波动新特征的对策以及建立健全非周期性波动因素的安全预警机制，并合理有效地使用政府的政策调控工具提供另一个视角。第二，如今世界经济发展不确定性日益增强，研究中国经济与世界经济周期波动的新特征具有很重要的现实意义。不仅能够为中国与世界其他经济体之间货币政策、汇率政策及贸易政策的协调提供相关的政策建议，还有助于国内金融市场改革、金融资源的合理配置以及利率市场化更好地权衡利弊得失，为实现国民经济快速健康持续地发展做出贡献。

（3）研究战略性新兴产业与传统产业协调促进机制的重大现实意义和应用价值。第一，战略性新兴产业的发展源于新的重大科技创新，同时，代表着新科技产业革命的前沿和未来。发展战略性新兴产业需要处理好传统产业与新兴产业之间的关系，传统产业与战略性新兴产业对经济增长的影响犹如"船体"与"船帆"间的关系，例如，高科技对制造业带来创新活力的同时，也深化了传统的装备制造业。中国的传统产业必须与战略性新兴产业形成良好互动才能够更好地促进中国经济的持续和谐发展（熊永清，2013）。第二，研究战略性新兴产业与传统产业之间的耦合关系能够为金融周期与经济周期背离机理下金融风险的防范和推动产业结构改革提供另一个新视角。不仅能够为中国与世界其他经济体之间的相关政策协调提供政策建议，还有助于国内金融市场改革、金融资源的合理配置以及利率市场化更好地权衡利弊得失，为实现国民经济快速健康持续的发展做出贡献。第三，放眼世界，在中国主导的外交格局下，中国作为全球经济增长的引领者，肩负着促进世界经济和谐健康发展的使命，与此同时，战略性新兴产业与环境保护密切相关，"绿水青山就是金山银山"，为建设美丽中国贡献力量。更重要的是，战略性新兴产业与传统产业的协调发展不仅能够促进中国产业结构的调整，还能为世界各国一起构建人类命运共同体做出巨大贡献。

（4）研究战略性新兴产业与传统产业协调促进机制的重要理论意义和学术价值。首先，本书的研究将丰富战略性新兴产业与传统产业的相关研究，并为金融经济周期理论及产业发展理论融入新的研究视角。之前关于战略性新兴产业的相关研究主要是关注国内的情况或者是封闭经济条件下，而几乎没有将全球化视野注入对战略性新兴产业及产业结构调整的深入分析中。本书则在一个相互联系、相互作用的多国模型下进行讨论，基于中国的现实背景，深入探讨影响中国与世界主要经济体之间战略性新兴产业及传统产业的影响因素以及二者之间的互动关系，是对已有相关研究的补充和深化，能对战略性新兴产业及传统产业的影响因素以及二者之间的耦合互动机制形成更全面、更深入的认识。其次，丰富多层次动态因子模型的实证研究。通过考察国别宏观经济变量间的关系来研究中国经济与世界经济的协动性，本书将在考量国别宏观经济变量间关系的基础上，继续考察国内各省之间宏观经济变量的关系，并以中观的产业层面作为联接宏观与微观的桥梁，多层次深入探讨金融周期与经济周期背离机理下战略性新兴产业与传统产业之间的耦合互动机制及相关政策。

1.2　国内外研究综述

1.2.1　经济周期研究相关文献梳理

世界经济周期的概念源于对国际经济周期的探讨。如果世界经济周期理论是对全球性跨国经济协动现象的高度抽象与概括，那么国别经济周期理论则是研究这种国际协动现象的逻辑起点和理论基础（宋玉华，2007）。所谓协动性（co-movement）或者协同性（synchronization）是指在特定时期内，不同国家的经济波动由于相互作用、相互影响而出现的各个国家经济周期在方向和波幅上所展现的趋同性。而非协同性则是指这种表现的非一致性。世界经济周期的协动性与非协动性同时存在并具有一定的复杂性和不确定性。

在对研究国际经济周期文献进行梳理的过程中，根据主要传导机制大致可以分别从"国际贸易对世界经济周期协动性的影响""国际金融及国际投资对世界经济周期协动性的影响"和"国际政策协调和国际经济组织对世界经济周期协动性的影响"三条逻辑主线展开分析论证，本书主要从理论和实证两方面对国内外文献研究现状及发展动态进行分析，探讨影响中国经济与世界经济周期协动性的问题。

（1）以理论模型创新为主的相关研究成果整理。国内外学者在研究国际经济周期以及世界经济周期协同性与非协同性的进程中取得了里程碑的进步。格拉克（Gerlach）在 1988 年首次采用频带（frequency band）的衡量指标将世界经济周期定义为多国工业生产指数的变动在一定周期频带上的高度相关性存在。巴克斯、凯赫和基德兰德（Backus，Kehoe and Kydland）（简称 BKK）在 1992 年则首次建立了一个存在完备金融市场的国际经济周期模型（international business cycle）来研究国际贸易对国际经济周期协动性的影响，由于生产可以跨国自由转移，外部冲击使得贸易强度越高，两国间的经济协动性反而越低。高丝和易（Kose and Yi，2001）在 BKK 模型的基础上引入了生产的垂直专业化后，发现贸易规模对经济周期协动性的影响与贸易和冲击的类型有关，即当贸易促进产业专业化时，贸易联系越紧密，两国的经济协动性越低；但当贸易的发展促进两国的产业内贸易时，贸易联系越紧密，两国的经济协动性越高。在安德森和文库普（Anderson and Wincoop，2003）研究发现两国的贸易程度可能与两国之间的贸易壁垒相关的基础上，高丝和易（2006）将 BKK 模型从两国拓展到三国并引入跨国贸易交易成本后发现引入这些因素能提高贸易对经济周期协动性的影响。巴克斯特和法尔（Baxter and Farr，2005）在 BKK 模型的基础上，引入可变资本利用率后发现 FDI 的流入能够使两国经济结构的相似度上升，从而贸易导致的两国经济协动性也越来越高。加西亚—赫雷罗和鲁伊斯（Garcia - Herrero and Ruiz，2008）也得到了类似的结论。由此可见，以上这些研究都认识到了贸易强度是经济协动性的重要影响因素，并从贸易模式和贸易类型的角度深入分析了不同贸易形式是如何影响经济周期协动性的。值得注意的是，当今不同国家对外贸易在商品类别上的"异质性"，贸易品的不同类别是否会对两国经济周期的协同性产生影响？

然而，BKK 模型是在假设国际金融市场完备性的前提下成立的，当国际金融市场不完备时，BKK 模型的结论将会发生显著变化，这一结论可参见巴克斯特和克鲁奇尼（Baxter and Crucini，1995）以及希思科特和佩里（Heathcote and Perri，2002）的研究。考虑到银行间的跨国借贷存在规模不经济的现状，亚科维耶洛和米内蒂（Iacoviello and Minettib，2006）在模型中引入了借贷市场不完备的衡量因子，当一国遇到外部冲击时，银行在调整国内和国外借贷中将使得两国经济的协动性增强。

由于静态的计量模型通常不能反映变量的滞后效应，尤其是 2008 年国际金融危机的爆发，使得越来越多的学者认识到金融市场一体化和金融市场不完备性在世界经济周期传导中的重要作用，同时，传统的静态模型已经不能够捕捉滞后变量带来的影响，于是，动态模型逐渐发展起来。其中，动态随机一般均衡模型（DSGE）被学者们广泛使用。法亚（Faia，2007）在一个两国 DSGE 模型中引入金融市场结构的差异后发现，两国的金融市场结构差异越大经济周期协动性就越低。古兰沙等（Gourinchas et al.，2007）建立了两国的 DSGE 模型，并对跨国资产互持所带来的"估值效应"（valuation effect）在经常账户调整中的作用进行了系统性的分析。德弗罗和萨瑟兰（Devereux and Sutherland，2010；Devereux and Sutherland，2011）则在运用高阶展开方法后将资本互持特征引入两国的 DSGE 模型中，并在模型中考虑加入金融摩擦，从而探讨外部冲击的传导渠道。梅冬州等（2012，2015）在一个标准的两国 DSGE 模型中引入了中间品贸易，并讨论了存在中间品贸易的经常账户调整和国际经济周期协动性等的问题。DSGE 模型的拓展形式正在广泛地应用在关于经济周期协动性的学术探讨中。与此同时，为了克服以往研究在样本和双边相关性研究等计量方法上的局限性，高丝等（2003）提出了多层动态因子模型并抽象出多层次的因子分解成分，因为该贝叶斯分析框架凭借其能够同时拟合多国样本数据的优势，迅速成为这一领域的国际主流计量模型，相关研究不断涌现，其中，高丝等（2008a、b）、克鲁奇尼等（2011）、尼利和瑞佩奇（Neely and Rapach，2011）相继借助高丝的多层动态因子模型考察了 GDP 增长率、产出、消费、投资以及通货膨胀的国际协同特征。杨子晖和田磊（2013）在借鉴以上经典模型的基础上，遵循多层嵌套因子模型思想，构建了国际经济周期三层静态因子模型，并运用该模型对中国在内的 24 个主要经济体进行跨国研究，从而考察中国经济与世界经济的协同性。但是，鲜有研究将静态模型和动态模型的优势结合起来研究寻找使变量解释相匹配的契合点。

（2）以实证分析为主的相关研究成果梳理。在对经济周期协动性影响因素的实证研究中，关注双边贸易强度与经济周期协动性的文献比较丰富，观点大致可以分为四类。第一类观点认为，二者之间呈现正相关关系。弗兰克和路斯（Frankel and Rose，1998）在对 20 个发达国家双边贸易强度与经济周期双边相关性的研究中得到，贸易联系越紧密两国经济协动度越高。然而，由于这一模型不能够将共同冲击从影响因素中分离而引发了对文章结论的争议。第二种观点认为，双边贸易的增强能使得国家之间的专业化分工程度提高，从而导致经济周期协动性的下降（Krugman，

1993）。第三种观点认为，不同的贸易模式对经济周期协动性具有不同的影响，产业内贸易是导致经济周期协动性的关键因素，而产业间贸易则会使得经济周期同步性下降。第四种观点认为，双边贸易对经济周期协动性的影响主要是由双边垂直专业化引起的，而并非是由于双边贸易强度导致的（Ng，2010）。但迄今为止，已有的实证研究结果对贸易强度是否促进国际经济周期协动性还存在异议。

在弗兰克和路斯（1998）研究的基础上，卡尔德隆等（Calderon et al.，2007）扩大了研究样本并对发展中国家贸易强度和经济协动度的关系进行验证后发现，两者之间的正相关关系仍然成立，但是，发达国家比发展中国家的正相关关系更强些。高丝和易（2006）则从贸易双方在产业结构上的相似程度入手来探讨影响国际经济周期同步性的因素，发现产业内贸易比产业间贸易更能引起 GDP 的同步运动，考虑到两国不同的产业结构会使双方在面临同一产业冲击时反应的周期不同。关于产业结构与经济周期协动性的关系研究也成为一个比较新的研究领域。一部分学者（Imbs，2004；Lee and Azali，2009）认为，产业结构越相似，经济周期协动程度就会越高。另一部分学者（Cerqueira and Martins，2009；Wu et al.，2009）则认为，产业结构相似度与经济周期协动性之间不具有显著的关系。迪·乔凡尼（Di Giovanni and Levchenko，2010）运用工业层面的生产和贸易数据，分析不同产业间双边贸易对经济周期协动性的影响机制，研究得到的结论是垂直分工在某一部门中的作用越重要，则该部门对应产业的双边贸易对经济协动性的影响就越大。

与此同时，英布斯（Imbs，2004、2006）通过构建联立方程组模型发现，金融市场一体化程度的不断提高也对各国经济周期协动性的传递产生了重要影响。但是，狄斯和恩·荣惹尔（Dees and N. Zorell，2012）的研究则表明，金融一体化程度的提高对经济周期协动性的提高没有直接影响。有关 FDI 与国际经济周期相关性的研究相对比较少，吴等（Wu et al.，2009）的研究结果表明，FDI 对国际经济周期的协同性具有显著的正效应，并且 FDI 比贸易和产业结构相似度更能解释经济周期协同性的变化模式。需要注意的是，以上研究都是从总量的角度出发，没有考虑贸易品类别和金融资本的异质性对经济周期协动性的影响。

之前的大部分相关研究都以发达国家为研究对象，但是，由于 1997 ~ 1998 亚洲金融危机以及 2008 年全球金融危机对中国及一些发展中国家的经济带来了巨大的冲击，使得发展中国家与发达国家的经济周期趋同性日益增强。金和李（Kim and Lee，2012）、英布斯（2011）、莫内塔和鲁费尔（Moneta and Ruffer，2009）的研究结果表明，亚洲金融危机后东亚各国联系更加紧密，经济协动性程度显著增强，为进一步的货币及汇率合作创造了良好背景。于是，有关亚洲尤其是与中国有关的国际经济周期协动性的研究得到广泛关注，高丝等（2003）运用动态因子模型观测到东亚经济受区域因子的影响大于全球因子，提出以中国和印度为代表的东亚国家是否可以从以美国和欧盟为代表的西方经济周期中分离出来，即"去藕或收敛"（decoupling or convergence）的讨论。贝尤米等（Bayoumi et al.，1999）通过估计东亚各国间经济周期的非对称性，系统地比较了东亚建立最有货币区的成本收益，并得到东盟区域经济整合程度与20世纪80年代末的欧盟相当。申和王（Shin and Wang，2004）发现东亚各国间产业内贸易和国际资本流动的增加使得各国之间的经济波动协动性增强。宋玉华和方建春（2007）对从改革开放1978～2004年中国经济与世界经济的相关度及相互影响的因果关系进行研究，宋玉华（2007）还在《世界经济周期理论与实证研究》一书中对中国与主要区域经济体的经济周期进行探讨，总结出"中国效应"对世界经济的拉动作用日益增强，世界经济的波动也影响着中国经济的运行。程惠芳和岑丽君（2010）对影响中国经济周期协动性的因素进行了比较全面地研究和分析。王勇等（2010）选取了中国的8个贸易伙伴，研究发现中国与这些国家经济周期协动性随着时间推移而增大。模型创新部分提到的梅冬州（2012，2015）以及杨子晖和田磊（2013）则分别运用引入中间贸易品的DSGE模型和三层静态因子模型来研究中国与世界经济周期的协动性。但是，以上研究都没有对贸易品的类别进行细致地区分，同时，大多只关注中国的主要贸易伙伴，因此，分析的全面性有待改进。

（3）对以上国内外的文献回顾总结及其存在的主要问题。第一，现有的研究主要是以宏观层面和产业层面为切入对象来分析中国经济周期与世界经济周期协动性的关系。然而，一国经济的宏观经济表现主要是由微观经济主体所决定的，宏观和产业数据无法揭示异质性企业的行为，难以分析所关注因素影响中国经济与世界经济周期关联的微观传导机制，从而提出针对性的对策建议。

第二，由于对中国与世界经济波动协动性和对策的研究相对比较少，当前关于经济协动性的研究，大多是在借鉴对发达国家经济周期协动性研究的基础上进行的分析，难免会忽略中国在开放经济中所表现出来的一些重要的"中国特色",比如,企业异质性、贸易品类别的构成等。

第三,国内学术界和政府管理层对于开放经济下中国经济与世界经济周期协动性的研究大部分局限于经验实证层面,并且鲜有文章将静态分析模型与动态分析模型有机地结合起来,优劣互补,综合多重指标,进行多维度地全面分析,从而找到具体变量和政策变量相匹配的契合点。

1.2.2 战略性新兴产业相关文献综述

战略性新兴产业,国内通常将其翻译为"emerging industries of strategic importance""strategic emerging industries"或"strategic and emerging industries";而国外则将此类产业定义为"新兴产业",多译为"emerging industries""burgeoning industries"或"newly emerging industries"。我国对"新兴产业"战略属性的特殊界定是"正处于成长初期,并被不断完善、不断优化和丰富的产业经济"。强调"战略"(strategic)一词可以直观地体会到我国为培育和发展战略性新兴产业铸入的国家意志。发展战略性新兴产业需要与传统产业紧密结合,这是由中国的国情所决定的。传统产业为战略性新兴产业提供基础的同时能够带动传统产业的优化升级,而战略性新兴产业的培育与发展必须与传统产业形成耦合互动的关系,这是区域经济发展立足现实的务实选择(熊永清,2013)。

在对研究战略性新兴产业及传统产业转型升级的相关文献进行梳理的过程中,根据研究方法及研究内容的特点可以将文献大致分为以下两大类:第一类是以理论模型创新为主的相关研究;第二类是以实证分析为主的相关研究。本书将主要从理论和实证两个方向对国内外相关文献的研究现状及发展动态进行系统分析,从而探讨影响战略性新兴产业与传统产业之间耦合促进的机制及相关政策。

(1) 以理论模型创新为主的相关研究成果整理。国内外学者在研究产业关联理论及新兴产业理论的进程中取得了里程碑的进步。产业关联理论最早可以追溯到法国著名经济学家魁耐采用《经济表》来表明产业间的贸易关系开始,之后,瓦尔拉斯创立了一般均衡理论,标志着产业关联理论开始进入萌芽期。20世纪30年代,美国著名经济学家 W·里昂惕夫(W. Leontief)首先提出并确立了投入——产出的模型分析法,于1941年出版了《美国的经济结构》,这是产业关联理论的重要里程碑。步入21世纪,各个产业之间的交融与联系更为密切,产业的可持续发展得到更多的重视，对产业关联理论的运用提出了更高的要求，需要应用产业关联的观点来分析产业结构发展和调整方向等问题，例如，T·斯特金（T. Sturgeon，2008）从价值链、集群和网络重新规划全球的汽车产业。20 世纪 60 年代初期，投入产出技术被引入我国，侧重研究投入产出技术的应用，在模型动态化方面的研究比较多。新兴产业理论的发展研究始于 20 世纪中后期，典型的两大理论是"TFP 全要素"理论及新经济增长理论。美国麻省理工学院教授索洛认为，经济增长中减去资本与劳动的贡献率之后，即为技术进步对经济增长的贡献，被称为"全要素贡献率"（TFP）的理论模型。部分经济学家开始用新经济增长理论来探讨经济的持续增长，强调经济增长不是外部力量，而是来自经济体系内部的力量，尤其是内生技术的变化。在新经济增长理论兴起后，我国学者不断深入地研究产业关联理论，并提出了非线性实物模型（陈锡康，1981）及包含隐性因素的投入—产出模型（薛新伟，2000）。

在世界经济发展的进程中，产业结构在经济波动中不断更迭，并在经济发展的不同阶段由一个主导产业引领世界经济的发展。产业结构每次大的转变都将导致经济的周期性发展变动，要素会由低效率和传统产业部门向高效率和新兴产业部门转移，新的主导产业因此出现。在当前新经济时代，产业结构对经济发展具有稳定性作用，如果波动幅度较小的产业部门占据经济的大部分，经济波动的幅度将会较小（周明生、陈文翔，2016）。战略性新兴产业对防范金融风险具有稳定器的作用。经济波动会使产业结构发生变化，产业结构的变化会带来经济增速的改变，从而引发经济波动。就我国的产业升级与经济增长之间的关系来看，联动效应最小的是第一产业，最大的是第二产业，而第三产业的联动效应居中。从产业结构相似度对经济周期协动性的传导效应来看，产业结构越相似，对短期 GDP经济周期的协动性程度也越高（程慧芳、岑丽君，2010）。产业波及理论则是建立在此基础上，主要集中研究单个传统产业的波及作用。国外学者对战略产业理论的研究是建立在主导产业理论研究的基础上的。迈克尔·W·劳利斯（Michael W. Lawless，1991）对结构不一致和结构一致的产业间战略的相似度进行了研究。小田部正明（Masaaki Kotabe，2007）研究了战略产业的高科技创新在新产品研发过程中的作用。

然而，国外学者对高新技术产业与传统产业协调发展的研究相对较少，大部分发达国家的传统产业发展水平相对于发展中国家而言已达到了较高的水平，相当大部分的传统产业仍具有明显的比较优势，同时，高新技术产业的创新能力很强。国内学者对通过高新技术改造传统产业理论和实践进行积极探索，积累了传统产业转型升级的丰富经验。关晓琳和卢文光（2015）的研究是基于产业生命周期的技术创新与战略性新兴产业的协调度，构建了技术创新与战略性新兴产业在各个生命周期的耦合协调度评价指标体系，并给出了相关政策建议。连远强（2016）在比较传统产业创新链与新兴产业创新链区别的基础上，深入探讨了跨界耦合视角下传统产业与新兴产业创新链耦合机理。霍影（2014）以渐进式创新与跨越式变革的角度切入，以耦合为归纳主线，分别从生命周期、技术创新、博弈策略、价值链以及定量评价五个视角对国内 2010～2013 年的相关研究成果进行脉络梳理和综合述评。归纳发现，已有成果对战略性新兴产业与传统产业耦合发展所涉及的诸如体制、机制等宏观层面的理论研究达到了一定的深度，但在定量测度层面，数理评价模型方面却过于单一，在数据样本的选择和统计口径的制定方面，实证基础也比较薄弱。

此外，有部分学者从不同产业结构差异化视角来研究经济波动的异质性，研究结果表明，区域产业结构的变动是引起不同区域经济波动幅度差异的原因所在。战略性新兴产业是技术密集型的高成长性产业，是我国未来抢占世界经济制高点、赢得竞争优势的产业。胡大立等（2017）构建了一个推动战略性新兴产业高端化的"三链"耦合互动模型，并提出了促进"三链"有效耦合的相关政策建议。梁军和赵方圆（2014）运用灰色关联模型评价产业互动发展状况的产业关联协调指标体系，测度并比较中国东部、中部、西部地区新兴产业与传统产业互动发展状况及其影响因素的区域差异与变动趋势。研究结果表明，尽管两类产业互动发展的关联度都在中等以上水平，但整体协调度均不高且区域间存在明显差异，呈现中部高，东部、西部低的空间分布特征，三大区域新兴产业与传统产业间均未形成显著的良性互动。赵莹等（2017）运用了灰色关联理论对辽宁省的战略性新兴产业与传统产业的关联性进行了实证分析，具体研究了产业间的关联性水平和产业传承中传统产业的优先选择问题。许慧珍（2014）基于产业融合理论研究传统产业与电子商务融合发展的动因，结合广东汕头市的案例对传统行业与电子商务的融合提出了相应的发展路径。李宝庆和陈琳（2014）在分析长三角区域战略性新兴产业空间演化的基础上，运用耦合度模型对该区域战略性新兴产业与区域经济协调发展的整体情况和空间情况进行了研究，得出该产业与区域经济耦合促进作用非常明显、该产业仍然滞后于区域经济发展水平、区域经济各发展要素对该产业的贡献度不均衡、该产业发展资金投入不足等结论。霍影（2012）为定量测度我国战略性新兴产业、传统产业与各省经济空间的协调发展效率，构建由战略性新兴产业、传统产业与区域经济空间三个子系统所组成的耦合系统协调发展度函数并补充动态分期评价模型，研究结果表明：东部、中部以及西部地区的协调发展度依次降低。

（2）以实证分析为主的相关研究成果梳理。战略性新兴产业与传统产业的协同发展备受关注，近年来，国内学者的研究成果较为丰富。归纳起来看，国内对战略性新兴产业的相关研究大多集中在对区域经济持续发展的影响上。刘华志（2017）通过构建江西省传统产业和战略性新兴产业的动态博弈模型来分析江西省传统产业与战略性新兴产业集群的生态创新内在机理，并提出完善促进战略性新兴产业之间保持合理内部结构的相关政策。林章岁等（2017）的研究构建了战略性新兴产业和传统产业的耦合模型，利用微观企业调查数据，实证分析战略性新兴产业和传统产业之间的作用机理。研究结果表明，样本数据来源中的双产业属于中度耦合阶段；从动态和不平衡性的角度来看，仍处于中度失调发展状态。梁威和刘满凤（2016）就如何完善战略性新兴产业与区域经济的耦合协调机制进行了深入研究，对江西省 11 个地市 2011～2013 年战略性新兴产业与区域经济的协调发展状况进行系统评价。结果显示：江西省战略性新兴产业与区域经济耦合协调程度偏低，并提出了进一步促进江西省战略性新兴产业与区域经济协调发展的对策建议。丁强和张向群（2015）以生命周期理论为基础，利用马尔柯夫链对战略性新兴产业与传统产业耦合系统发展过程进行模型设计，并量化产业耦合系统对区域经济发展的贡献。刘佳刚和汤玮（2015）对战略性新兴产业发展演化规律及空间布局进行分析，将具有战略性新兴产业概念的 428 家沪深上市公司作为研究样本，利用内容分析法分析这些公司 2003～2012 年的年度财务报告，研究发现，创新投入与产出成果总体呈正比例方向变动，但在不同区域和产业存在差异。另外，还有学者分别对长春市、宁波市、黑龙江省、安徽省、广东省、广西壮族自治区、江苏省、吉林省等省市中的战略性新兴产业与传统产业耦合互动机制及相关问题进行了深入地研究（俞之胤，2015；冯碧芸等，2015；霍影等，2015；刘明娟，2015；许慧珍，2014；乔鹏亮，2014；邱峰，2011；高雪，2014）。

也有不少学者从战略性新兴产业的金融支持及科技金融的角度去分析战略性新兴产业与传统产业间的耦合发展关系。王卉彤等（2014）在分析城市的战略性新兴产业及传统产业相互关系的基础上运用新旧两类产业耦合互动所处阶段评价模型，实证分析了 2001～2012 年我国新旧两类产业耦合互动所处阶段，并提出现阶段科技金融的功能定位。程宇（2013）运用"适应性效率"分析法对创新驱动下战略性新兴产业的金融制度安排进行了研究，具体分析了包括金融制度结构的灵活度、制度结构的耦合度以及制度变革的适应性。韩萌萌（2012）从市场性金融支持的角度探讨实施市场性金融支持与促进区域经济协调发展的耦合发展关系，研究结果显示：市场性金融支持是战略性新兴产业发展的重要动力机制，战略性新兴产业的市场性金融支持政策应该从市场直接金融和间接金融两个层面着手设计，以充分落实国家的产业和金融政策。金融政策的安排和导向将对金融周期波动以及经济增长产生一定的影响（陈雨露等，2016；邓创和徐曼，2014）。

（3）对国内外文献的回顾总结及其存在的主要问题。首先，国内外学术界的研究成果为战略性新兴产业的培育与发展以及传统产业的转型升级提供了许多具有借鉴学习价值的模型、理论及方法。然而，从现有文献的研究视野来看，大部分研究局限于战略性新兴产业及传统产业发展对国内经济的影响，而忽略了全球经济一体化背景下，来自其他国家的外部经济冲击。为了进一步分析不同层次的影响因素对战略性新兴产业及传统产业的影响程度，本书将战略性新兴产业的发展与金融周期波动联系起来，同时，将传统产业的发展与经济周期波动联系起来，通过运用动态因子模型可以深入分析来自世界共同影响因子、地区共同影响因子、国家共同影响因子等因素的影响，从而为政策制定者提供更加精准的政策建议，促进战略性新兴产业的国际化，提高政策的实施效果。

其次，现有成果在对战略性新兴产业与传统产业耦合发展所涉及的诸如体制、机制等宏观层面的理论研究方面虽然已经达到了一定的深度，但在定量测度层面，数理评价模型方面却过于单一，在数据样本的选择和统计口径的制定方面，实证基础也比较薄弱。同时，已有的研究大多采用静态分析的方式，鲜有研究运用动态模型与静态模型相结合的思路。为弥补这方面的不足，本书将动态因子模型巧妙地融入研究框架之中，不仅丰富了战略性新兴产业与传统产业耦合发展研究的内涵和外延，而且还开拓了战略性新兴产业与传统产业耦合发展的研究思路。

最后，现有的研究主要以宏观层面和产业层面的数据为切入对象来分析战略性新兴产业与传统产业的耦合发展关系。然而，一国的宏观经济和产业发展的表现主要是由微观经济主体所决定的，宏观和产业数据无法揭示异质性企业的行为，难以分析所关注因素影响战略性新兴企业与传统企业耦合发展的微观机制，提出针对性的对策建议。因此，深入微观企业的数据研究，可以从很大程度上解释企业异质性对战略性新兴产业与传统产业耦合发展过程中所产生的影响。

1.3　主要研究内容

本书共包含 8 章，各章的主要内容为：

第 1 章，导论。主要阐述本书的选题背景及研究意义、国内外相关研究现状、发展动态以及主要的研究内容和研究方法。

第 2 章，经济周期、产业内贸易及国际政策协调。对影响经济周期传导的贸易渠道进行重点研究，采用多维度面板回归分析法侧重分析产业内贸易对经济周期同步性的影响程度，同时，实证分析还比较了产业内贸易与产业间贸易的差异。

第 3 章，中国的增加值贸易与经济周期协动性。本章从宏观层面、产业层面以及产品层面分析了传统贸易统计方式和增加值贸易统计的异同，通过数据分析得到传统贸易统计方式的确会夸大实际贸易状况的结论。研究发现：（1）国际贸易、国际直接投资和产业内贸易水平的提高都会增加我国与其他国家的经济协动性，而产业结构的差异则会降低我国与其他国家的经济协动性。（2）回归系数表明，国际贸易对经济协动性的影响要明显高于国际直接投资对经济协动性的影响。（3）以产业贸易为主的两国间经济协动性较高。鉴于此，本章提出了加大增加值贸易研究，正确测算实际贸易状况；优化贸易出口结构，实现贸易结构的多元化；通过全球经济治理上的协调来减少外部经济冲击对我国的负面影响等的几点政策建议。

第 4 章，"一带一路"沿线经济体与中国的贸易发展。本章运用 1995 ~ 2012 年 61 国的面板数据，采用普通最小二乘法、泊松伪最大似然估计方法及工具变量法，以灯光数据作为 GDP 的替代量，通过传统引力模型搭建桥梁，探索构建灯光数据对贸易研究的可行性。研究发现：地理距离、边界及区域协定对中国与"一带一路"国家之间贸易的显著影响表明灯光数据对贸易研究的有效性。同时，对 1996 ~ 2012 年贸易趋势的预测与实际贸易的对比结果显示，以灯光数据预测的"一带一路"贸易趋势与实际贸易基本吻合。本章研究的创新点在于将夜间灯光数据应用于引力模型研究，对中国与"一带一路"沿线国家的贸易发展状况进行分析，开拓夜间灯光数据研究贸易的先河，并结合引力模型的最新发展及微观基础思考拓展性的相关研究。本章的附录部分还呈现了这部分研究的成果要报形式。

第5章，国外宏观经济政策的溢出效应分析。本章利用蒙代尔—弗莱明（Mundell - Fleming）的 IS - LM - BP 模型分析国外扩张性宏观经济政策对国内经济的溢出效应。对于每一类型的扩张性政策，不同的资本流动性及汇率制度会使国内经济产生不同的动态反应。在固定汇率制度下，冲销式干预与非冲销式干预也可能产生不同的反应。理论分析基于不同的情形组合。实证数据支撑理论分析的结果。研究结果对政策相关性或协调性研究具有一定的现实意义，并且还揭示了经济周期在真实经济中的传导情况。

第6章，金融经济周期下的宏观稳定政策。本章在吸收已有研究成果的基础上，借用博弈论的思想，以全新的视角建立一个考虑国家之间力量不均等及微观企业理性决策假设的动态博弈模型，为系统全面地研究金融经济周期下的宏观稳定政策提供新思维。

第7章，战略性新兴产业国际化发展研究。本章结合前面几章的研究内容，并在此基础上进行拓展和深化，围绕战略性新兴产业的国际化发展研究方向展开，提出可行的战略性新兴产业的研究框架。

第8章，总结与展望。本章对全书的内容进行系统总结，并得出本书的主要结论以及未来研究的方向。

第2章

经济周期、产业内贸易及
国际政策协调

2.1 引言及理论基础

2.1.1 引言

东亚经济体的出口增长型方式将贸易作为经济周期传导的首要渠道。然而，2008 年全球金融危机的爆发是否意味着经济周期的波动及传染效应的蔓延是通过传统贸易渠道传播的重要性将被金融渠道传播方式彻底颠覆？亚洲新兴经济体是否会与欧盟国家以及美国脱钩？国际贸易传导对经济周期同步性的影响有多大？两国间更密切的贸易往来是否能增强国家间经济周期的同步性？针对以上问题，本章采用的分析方法主要基于申和王（Shin and Wang，2003）的研究框架，根据 11 个亚洲国家和（地区）[①]（中国内地、中国香港、中国台湾、新加坡、韩国、菲律宾、泰国、马来西亚、印度尼西亚、日本与印度）、欧元区国家以及美国的数据来探讨并明确贸易一体化和经济周期同步性的关系。

随着亚洲金融危机的爆发，东亚地区再次探索建立货币联盟的可能性，在这一背景下，经济周期同步性的研究有着深远的意义。在对建立区域货币联盟或者区域政策协调机制意见不统一的背景下，如何实施最优货币区的衡量标准激发了众多相关的研究（Willett，2010）。本实证研究基于蒙代尔（Mundell，1961）关于最优货币区（OCA）的论点，以检验贸

---

① 本书所涉及的申和王（Shin and Wang，2003）模型是指剔除香港和台湾后的研究框架。剔除香港和台湾的数据之后，研究结果不受影响。

易联系密切的国家间经济周期相关性会更高的结论来作为研究的出发点（Frankel and Rose，1998）。根据最优货币区衡量标准，贸易的开放度、经济冲击非对称性、要素流动性、薪资和价格的灵活性、金融市场一体化、产品多元化、通胀率、可信性、财政转移支付以及政治考虑等因素是衡量加入货币联盟的成本和利益的主要标准。

2.1.2　理论基础

从理论上说，增长的贸易会使贸易伙伴国和地区之间的经济周期向着相反的方向移动（Shin and Wang，2003）。从国际贸易与经济周期的跨国（地区）趋同性来看，产业内贸易，尤其是垂直型的产业内贸易是经济周期趋同的主要原因。数据显示，80%的周期趋同性源自垂直型产业内贸易，另外的20%则源自水平型产业内贸易（Luis and Maria，2007）[1]。一方面，产业内贸易使经济周期同步性加大；另一方面，跨行业的产业间贸易又导致更高的生产专业化程度，进而减小经济周期同步性。

如果来自行业的冲击比较显著，那么产出的协动性程度也会上升或下降，具体情况取决于贸易性质（产业内贸易效应与产业间贸易效应的比较）。随着东亚地区垂直专业化分工程度的加大，东亚国家（地区）经济周期的联系也会因行业冲击变得更加密切，尽管产业间贸易和产业内贸易会使贸易国家和（地区）之间的经济周期以相反的方向运动。

程惠芳和岑丽君（2010）对影响中国经济周期协动性的因素进行了比较全面地研究和分析。梅冬州等（2012）以及杨子晖和田磊（2013）则分别运用引入中间贸易品的 DSGE 模型和三层静态因子模型来研究中国与世界经济周期的协动性。

2.2　主要文献回顾

2.2.1　弗兰克和路斯（1998）的模型

艾肯格林（Eichengreen，1992）、凯南（Kenen，1969）和克鲁格曼

---

[1]　A. Rivera – Batiz Luis，A. Oliva Maria，*International Trade Theory*，*Strategies and Evidence*. Oxford and New York：Oxford University Press，2007，pp. 56 – 67.

（Krugman，1993）认为，随着贸易联系的加深，产业间贸易的专门化分工程度增加，导致经济周期同步性降低。然而，弗兰克和路斯（1998）则认为，如果产业内贸易比产业间贸易表现更为突出，那么随着贸易一体化程度的加深，经济周期的正向相关性也会增强。为了检验贸易联系更紧密的国家经济周期相关性是否更高，他们采用 20 个工业化国家在 30 年间的数据构建回归模型。

弗兰克和路斯（1998）指出，普通最小二乘法（OLS）线性回归会因为内生性问题产生估计偏误。因此，贸易伙伴国（地区）可能失去制定独立于其邻国（地区）政策的能力，由此产生的政策协调又会导致贸易强度和经济周期协动性之间的虚假关联（Shin and Wang，2003）。为了解决这一问题，弗兰克和路斯没有采用普通最小二乘法，而用双边贸易的外生性决定因素作为基于"引力模型"的工具变量，从而明确了双边贸易模式对收入相关性的影响。

2.2.2　申和王（2003）的模型①

在弗兰克和路斯研究成果的基础上，申和王（2003）为进一步明确贸易扩大对经济周期协动性的影响，加入了一大组解释变量，如对 11 个亚洲国家（地区）的货币供应量 M2 增长速度进行相关性估算的货币政策协调变量，以及对这些国家（地区）的政府预算占 GDP 的比重进行相关性分析估算的财政政策协调变量。亚洲国家（地区）间逐渐增长的贸易量带来了区域内更高程度的经济一体化，这意味着一个国家（地区）的经济周期会持续性地受到另一个国家（地区）的影响，尤其是在当下区域内贸易重要性与日俱增的情况下。申和王（2003）发现，尽管贸易增长本身并不一定会带来经济周期同步性的增加，但是，产业内贸易已经成为东亚国家（地区）经济周期同步性增加的主要渠道。这一发现对亚洲地区建立货币联盟有着重要意义，其意义在于贸易扩大可以影响不同联盟成员之间的经济周期协动性的性质，而这一性质是衡量加入货币联盟成本的关键因素。通过贸易扩大来降低非对称冲击，可降低建立货币联盟的成本。

---

① Kwanho Shin and Yunjong Wang. Trade Integration and Business Cycle Synchronization in East Asia. *Asian Economic Papers*，Vol. 2，No. 3，Fall 2003，pp. 1–20.

2.2.3 格鲁本、古和米利斯（Gruben，Koo and Millis）的研究成果[①]

格鲁本、古和米利斯（2002）对产业内贸易和经济周期同步性的研究旨在完善弗兰克和路斯（1998）的计量经济研究方法，因此，他们首先对弗兰克和路斯的研究结果进行了诊断分析，然后对其论点的细节提出了疑问，其中，一个细节问题是：工具变量的系数估计数值是对应普通最小二乘法估计的三倍。造成最小二乘法和工具变量估计系数间如此大差距的一个可能的原因是工具变量和遗漏变量之间的统计关联，这可能是误差项的一部分。统计关联会导致工具变量的估计值偏差远远高于普通最小二乘法产生的偏差。

罗德里克（Rodrik，2000）指出，有效的工具变量必须是外生的，而且它必须是通过作为工具的变量对一个结果变量产生影响。然而，在弗兰克和路斯的模型中，他们用来捕捉贸易影响因素的工具变量归根结底可以看作包含了所有三种因素的影响（贸易强度、共同的货币政策和要素流动性），这使得贸易的影响估计偏差进一步加大。为了正确统计，格鲁本、古和米利斯进行了过度识别约束的检验，他们采用最小二乘法估计，并且在其体系中融合了弗兰克和路斯的三个工具变量，并将其作为独立变量，期望这三个变量能够成为其他难以测量因素的代理变量。

弗兰克和路斯研究中的第二个问题是，他们估计经济周期同步性与贸易之间的关系时，采用的是贸易总额而不是产业内贸易额，而后者在理论上对经济周期同步性的影响更大。采用贸易总额作为独立变量，而不是把产业内贸易额变量和产业间贸易额变量分离开，这本身就假定了这二者的系数完全相同，必然会因为错误设定导致估计偏差。为进一步讨论产业间贸易和产业内贸易的效果，格鲁本、古和米利斯效仿申和王在实证框架中的做法，将这两种贸易分离开。

格鲁本、古和米利斯的研究结果显示，弗兰克和路斯的结论总体是正确的，但是，因工具变量和变量遗漏产生的估计偏差，导致他们的模型过分强调了国际贸易对经济周期同步性的影响。此外，通过将贸易数

① William C. Gruben, Jahyeong Koo, and Eric Millis, How Much does International Trade Affect Business Cycle Synchronization. Federal Reserve Bank of Texas Research Department, Working Paper, No. 0203, 2002.

据分离为产业内贸易和产业间贸易，格鲁本、古和米利斯的模型还提供了一个检验专门化分工是否会降低经济周期关联的更优框架，其中，内含的零假设 $\beta_1 - \beta_2 = 0$ 总是被舍弃的。他们的估计总体上并不支持专门化分工对经济周期关联有负向影响的论点。由于产业内贸易额在贸易总额中所占的比重很高，行业冲击不会通过专门化分工支配共同的需求冲击和生产力外溢。

2.2.4　乔瓦尼和列夫琴科（Giovanni and Levchenko，2010）的模型[①]

乔瓦尼和列夫琴科（2010）通过关注中间投入品的使用提供了新的传导证据。他们用投入—产出表估算每个行业在生产中将其他行业作为中间投入品的强度。为了研究众所周知的经验性规律—贸易往来更多的两个国家其经济周期同步性更强—背后的机制，乔瓦尼和列夫琴科不仅估算了贸易对每对国家协动性的影响，还估算了贸易对每对国家中每对行业协动性的影响。

该研究表明，贸易往来更多的行业有更明显的协动性。其中，一项发现有力地表明，在彼此作为中间投入品的跨国产业中，双边国际贸易会更加显著地增强经济周期的协动性。这一估算结果也表明，垂直生产联系占双边贸易对经济周期相关性影响的32%（Giovanni and Levchenko，2010）。

2.2.5　亚洲开发银行关于区域经济—体化的研究[②]

金、李和朴（Kim，Lee and Park，2009）调查了9个亚洲新兴国家以及包括日本和美国在内的一些主要工业化国家的实际经济相互依赖程度，以期为关于亚洲"脱钩"的激烈争论提供参考。首先，他们阐述了亚洲新兴国家通过改变区域间贸易和金融联系进行宏观经济相互依赖性变革的过程，然后，建立了一个面板向量自回归模型，利用1997～1998

①　Julian Di Giovanni and Andrei A. Levchenko，Putting the Parts Together：Trade，Vertical Linkages，and Business Cycle Comovement. *American Economic Journal*：*Macroeconomics*，Vol. 2，No. 2，April 2010，pp. 95 – 124.

②　Soyoung Kim，Jong – Wha Lee，and Cyn – Young Park，Emerging Asia：Decoupling or Recoupling. *The World Economy*，Vol. 34，No. 1，January 2011，pp. 23 – 53.

年亚洲金融危机之前和之后的总产出增长率来估算实际经济的相互依赖程度。

他们的实证研究表明，在亚洲金融危机之后，实际经济相互依赖程度显著上升，说明亚洲新兴国家是"再挂钩"而不是脱钩。亚洲和日本之间的经济周期协动性增长程度远远大于亚洲和美国之间的协动性增长，这说明日本融入区域经济是区域间经济周期相关性增加的重要原因。国际贸易的水平和构成反映出，随着亚洲新兴经济体在世界经济中地位的变化，他们的经济和工业结构也不断发生变化。亚洲快速增长的经济和结构的转型会激发在贸易和投资方面的竞争，进一步影响全球经济周期。按照常规情况来讲，来自主要工业国的产出冲击会对亚洲新兴国家产生显著积极的影响。然而，来自亚洲新兴国家的产出冲击也会对主要工业国家的产出动态产生显著的积极影响。这一研究结果表明，亚洲新兴国家和工业国家之间的宏观经济相互依赖已经变成"双向"影响，而非"单向"影响，这与传统贸易理论一致。

2.2.6　沃尔斯（Volz，2010）模型[①]

为了解释各种间接影响，如金融一体化通过贸易和专业化分工对经济周期的影响，继英布斯（2004；2006）之后，沃尔斯等（2010）用联立方程式估计方法作为估算框架。同时，联立方程式估计方法还可以解决单一公式模型右边的几个变量带来的内生性问题。为了控制潜在的世界经济周期，他们还添加了一个新的变量作为回归变量，通过美国在代表时期内的平均增长率的自然对数进行计算，在处理全球影响时他们也使用了同样的方法。

沃尔斯等（2010）的研究发现，贸易一体化会促进外国投资一体化，贸易和外国直接投资均会对东亚的产出浮动产生积极的直接影响，并且它们的总体影响也是积极的。此外，他们的研究还表明，经济一体化程度的加深会使东亚经济周期同步性增强。由于区域内的汇率稳定，相似的汇率体制对东亚的贸易一体化有显著的积极影响，一个国家对另一个国家的汇率政策溢出效应对于东亚这样经济相互交织的区域有着重要意义。

---

① lrich Volz, *Prospects for monetary cooperation and integration in East Asia*. Cambridge and London: MIT Press Books, pp. 612 –616, 2010.

2.3 估算框架与实证结果

2.3.1 估算框架

（1）数据描述。影响经济周期协动性的渠道至少有四个：产业间贸易、产业内贸易（水平型和垂直型）、需求外溢和政策相关性。此外，资本流动也是相关的渠道。第一种渠道表明，贸易扩大会降低经济周期波动的同步性，而其他三种渠道则表明贸易扩大会增强经济周期波动的同步性。

本章在估算实证框架时使用四个子时期的年度数据（框架结构）：1980~1984 年、1985~1996 年、1997~2007 年、2008~2016 年。部分研究人员用 1989 年或 1990 年作为分界点，但为了更好地与高丝等人的研究进行比较，笔者选择 1985 年作为分界点。1997~1998 年的亚洲金融危机，1997~1998 年的数据可用作稳健性检验的比较。值得注意的是，2000~2001 年的信息和通信技术泡沫扭曲了相关数据，并夸大了经济周期的协动性，这一常规计算结果也可以作为假设，在将来进一步研究。另一个可以检验的时间点是亚洲自由贸易区成立的 1992 年。选择 1985 年作为第一个分界点是参照高丝、欧创克和普拉萨德（Kose, Otrokand Prasad, 2008），高丝、欧创克和惠特曼（Kose, Otrok, and Whiteman, 2008）的研究，自 20 世纪 80 年代以来，全球贸易和资金流动明显增强，并且全球化时期的开端正值工业国家和非工业国家的经济周期不稳定性发生结构性下降。选择 1997 年和 2008 年作为分界点，则是因为 1997~1998 年亚洲金融危机以及 2008 年全球金融危机的爆发。这一划分源自高丝等（2008）发表的论文 Global business cycles：Convergence and decoupling?（"全球经济周期：收敛与去耦?"，美国国家经济研究局工作论文）。

因无法获得欧元区国家的总体数据，考虑到欧元区成员国数量在不同时期有所变动，为计算欧元区国家在四个时期的产业内贸易指数，笔者选取了 8 个国家作为代表：奥地利、芬兰、法国、德国、爱尔兰、意大利、荷兰和西班牙。相较奥地利、法国、德国、爱尔兰、意大利、荷兰和西班牙，芬兰是个较小的国家，似乎并不是自然的选择，但是，考虑到该国在欧元区的地理位置，将该国的数据作为代表数据是有用的。重要的是，这 8 个国家都在 1999 年加入欧元区（见表 2.1）。

表 2.1 数据描述

变量	描述	来源	频率	时期（年）
X_{ijt}	双边出口额	DOTS，NBSC	Annual	1980~2016
M_{ijt}	双边进口额	DOTS，NBSC	Annual	1980~2016
X_{it}，X_{jt}	多边出口额	DOTS，NBSC	Annual	1980~2016
M_{it}，M_{jt}	多边进口额	DOTS，NBSC	Annual	1980~2016
$Govspending_{it}$，$Govspending_{jt}$	一般政府最终消费支出	World Economic Outlook Database，April 2017	Annual	1980~2016
GDP_{it}，GDP_{jt}	GDP，实际值，变动百分比	World Economic Outlook Database，April 2017	Annual	1980~2016
$M_2\%$	广义货币增长率（货币供应量）	IFS Data by Indicator – Monetary Sector，NBSC	Annual	1980~2016
IIT（通过计算所得）	产业内贸易（Grubel 和 Lloyd 指标）	UN Comtrade Database	Annual	1980~2016
NER_{ijt}	名义双边汇率	St. Louis Fed – Economic Data	Annual	1980~2016

数据来源：中国国家统计局发布的《中国统计年鉴》。

首先，本章并未区分固定汇率时期和浮动汇率时期。正如高丝等（2008）所述，并没有确切的证据表明应该这样分离样本。巴克斯特和斯托克曼（Baxter and Stockman，1989），巴克斯特（1991）以及艾哈迈德等（Ahmed et al.，1993）发现，不同的汇率体制类型并不会导致主要的宏观经济体行为发生显著变化，尽管格拉克（Gerlach，1988）曾得出汇率体制会显著影响经济周期的典型事实结论。其次，现有的汇率体制计算方法都饱受争议。

（2）实证框架。

$$Syn(i, j)_t = \alpha_0 + \alpha_1 \times Trade\ Intensity(i, j)_t$$
$$+ \alpha_2 \times Intra - Industry\ Trade(i, j)_t$$
$$+ \alpha_3 \times Fiscal\ Policy\ Correlations(i, j)_t$$
$$+ \alpha_4 \times Monetary\ Policy\ Correlations(i, j)_t$$
$$+ \alpha_5 \times Exchange\ Rate\ Movement(i, j)_t + \varepsilon_{ijt} \quad (2.1)$$
$$Intra - trade\ Intensity = IIT \times Trade\ Intensity \quad (2.2)$$

$$Inter - trade\ Intensity = (1 - IIT) \times Trade\ Intensity \qquad (2.3)$$

其中，经济周期同步程度用两个国家之间（地区）GDP 周期成分的同期双边相关系数进行计算：

$$Corr(i,\ j)_t = Corr(GDP_{it},\ GDP_{jt})$$
$$= cov(GDP_{it},\ GDP_{jt}) / [var(GDP_{it}) \times var(GDP_{jt})]^{1/2}$$

$$(2.4)$$

$$Syn(i,\ j)_t = Corr_{trans,ijt} = (1/2) \times In[(1 + corr(i,\ j)_t) / (1 - corr(i,\ j)_t)]$$

$$(2.5)$$

财政政策相关性 Fiscal Policy Correlations$(i,\ j)_t = Corr[Govspending_{it}/GDP_{it},\ Govspending_{jt}/GDP_{jt}]$，即 i 国和 j 国间一般政府最终消费支出与 GDP 比率的去趋势值有相关性，而非申和王采用的 $Corr[(G_{it} - T_{it})/Y_{it},\ (G_{jt} - T_{jt})/Y_{jt}]$，因为前者估算的是财政变量变化的活跃部分，这才是相关的因素。

货币政策相关性 Monetary policy correlations$(i,\ j)_T$ 是在 T 时期内，每对国家之间的广义货币年增长率的相关系数。汇率变动用双边名义汇率稳定性计算，用其标准差比平均数（Nguyen，2007）：

$$Exchange\ Rate\ Movement = Standard\ Deviation(NER_{ijT}) / Mean(NER_{ijT})$$

$$(2.6)$$

其中，NER_{ijT} 表示 i 国和 j 国在 T 时期内的双边名义汇率。通过与美元的汇率换算计算双边名义汇率。汇率变动用其标准差计算，并且由于更稳定的汇率很可能会带来更高的同步性，该系数值会是负数。财政政策相关性 Fiscal Policy Correlation(F. P.)，货币政策相关性 Monetary policy correlation(M. P.) 以及汇率协动性 Exchange Rate Movement 三个变量之间的相关系数表明，它们之间不存在相关性问题（见表 2.2）。

表 2.2　　　　　　　F. P. 、M. P. 以及汇率协动性的相关性

线性去趋势				HP 滤波去趋势				
1980 ~ 1984 年	obs = 55	F. P.	M. P.	NER	1980 ~ 1984 年	obs = 55	F. P.	M. P.	NER
F. P.	1				F. P.	1			
M. P.	0.089	1			M. P.	− 0.034	1		
NER	− 0.15	0.131	1		NER	0.105	0.134	1	

续表

线性去趋势				HP 滤波去趋势				
1985 ~ 1996 年	obs = 66	F. P.	M. P.	NER	1985 ~ 1996 年	obs = 66	F. P.	M. P.	NER
F. P.	1				F. P.	1		
M. P.	− 0.097	1			M. P.	− 0.111	1	
NER	0.093	− 0.021	1		NER	0.041	− 0.021	1
1997 ~ 2007 年	obs = 78	F. P.	M. P.	NER	1997 ~ 2007 年	obs = 78	F. P.	M. P.	NER
F. P.	1				F. P.	1		
M. P.	0.156	1			M. P.	0.019	1	
NER	− 0.165	− 0.281	1		NER	− 0.293	− 0.033	1
2008 ~ 2016 年	obs = 151	F. P.	M. P.	NER	2008 ~ 2016 年	obs = 151	F. P.	M. P.	NER
F. P.	1				F. P.	1		
M. P.	− 0.048	1			M. P.	− 0.089	1	
NER	0.061	− 0.022	1		NER	0.033	− 0.047	1

数据来源：笔者根据中国国家统计局的数据运用 Stata 软件计算而得。

弗兰克和路斯的贸易强度估算方法运用如下自然对数：

$$WT_{ijt} = (X_{ijt} + M_{ijt}) / (X_{i,t} + X_{j,t} + M_{i,t} + M_{j,t}) \qquad (2.7)$$

$$WY_{ijt} = (X_{ijt} + M_{ijt}) / (Y_{i,t} + Y_{j,t}) \qquad (2.8)$$

申和王用如下的自然对数进行进一步补充：

$$WX_t(i, j) = X_{ijt} / (X_{it} + X_{jt}) \qquad (2.9)$$

$$WM_t(i, j) = M_{ijt} / (M_{it} + M_{jt}) \qquad (2.10)$$

这两种方法的使用让双边贸易强度有三种不同的指标：出口额、进口额和进出口总额。T 表示每个时期的年数。

$$Wx(i, j, T) = \ln\left(\frac{1}{|T|} \sum_{t \in T} \frac{x_{ijt}}{X_{it} + X_{jt}} \right) \qquad (2.11)$$

$$Wm(i, j, T) = \ln\left(\frac{1}{|T|} \sum_{t \in T} \frac{m_{ijt}}{M_{it} + M_{jt}}\right) \qquad (2.12)$$

$$Wt(i, j, T) = \ln\left[\frac{1}{|T|} \sum_{t \in T} \frac{x_{ijt} + m_{ijt}}{(X_{it} + X_{jt}) + (M_{it} + M_{jt})}\right] \qquad (2.13)$$

对于产业内贸易强度，用《国际标准产业分类》体系的一位码~五位码分类方法对每个制造业进行分类，再用格鲁贝尔和劳埃克（Grubel and Lloyd，1975）的如下计算方法进行估算：

$$IIT(i, j, T) = \frac{1}{|T|} \sum_{t \in T}\left[\frac{\sum_k (x_{ijt}^k + m_{ijt}^k) - \sum_k |x_{ijt}^k - m_{ijt}^k|}{\sum_k (x_{ijt}^k + m_{ijt}^k)}\right]$$

$$(2.14)$$

总体来说，无论基于出口额、进口额还是进出口贸易总额，贸易强度都经历了持续性地增长，这表明亚洲国家（地区）、美国和欧洲国家正在成为彼此越来越重要的贸易伙伴。对于产业内贸易的估算，无论使用一位码、二位码、三位码、四位码还是五位码分类来计算产业内的贸易指标，这种变化趋势都在持续增强（Li，2016）。

2.3.2 实证结果分析

在大多数情况下，混合回归（pool regression）和随机效应面板（panel regression with random effects）回归中，产业内贸易系数均为正值，且在10%的显著性水平上具有显著性。然而，对于贸易强度的三个不同测度WX、WM和WT取值则有正、有负。三个政策变量的系数（财政政策变量、货币政策变量和汇率波动变量）总体而言取值的正负与预期一致。在混合回归和固定效应面板（panel regression with fixed effects）回归分析的线性去除趋势数据中，财政政策系数均为正，且在1%的显著性水平上均具有显著性。同时，与预期的一致，汇率变动的系数始终为负，在5%的显著性水平上均具有显著性，这表明汇率稳定（即汇率波动较小）对经济周期同步性具有重要的促进作用。货币政策系数有正、有负，但大多数情况下为正值。然而，在某些情况下，货币政策相关系数会为负值，但在统计上不具有显著性，其取值也相对较小。

观察系数的大小发现，只有汇率变动、贸易强度以及IIT的系数取值大于其他变量的系数。这说明如其他条件不变，在解释多国经济周期同步性时，较高的贸易强度、产业内贸易和汇率稳定比模型中的其他变量权重大。同时，经济周期同步性（因变量）对贸易强度的变化，产业内贸易指数的变化和汇率稳定性，比对模型中其他解释变量的变化更为敏感。产业内贸易指数系数的大小通常是混合回归分析中财政政策大小的 3 ~ 20 倍，而汇率波动系数的大小通常约为产业内贸易指数的 2 倍。

（1）线性去除趋势结果。本书通过使用线性去除趋势来对 1980 ~ 2016 年的数据进行混合回归分析。在表 2.3 中，贸易强度的估计系数取值均为正，且与预期一致，占权重较大。产业内贸易系数均为正，且在统计上具有显著性，这表明，产业内贸易与实际 GDP 增长同步化间存在显著的正相关。产业内贸易系数在数值上比贸易强度系数平均大 3 倍，表明产业内贸易对周期协动性的影响比贸易强度指标更大。同时，将产业内贸易纳入混合回归方程时，贸易强度系数的大小和常数项的数值将会减少。这一现象表明，产业内贸易指数能够从常数项和贸易强度中有效地获取部分预估的权重。

表 2.3　贸易对 11 个亚洲国家（地区）、美国以及欧元区之间的经济周期协动的影响（消除线性趋势的混合回归）

变量	1	2	3	4	5	6	7
wx	0.745 (1.059)				0.120 (1.192)		
wm		0.249 (0.760)				−0.141 (0.854)	
wt			0.545 (1.154)				−0.0434 (1.287)
产业内贸易 （IIT）				0.323 * (0.170)	0.321 * (0.171)	0.329 * (0.175)	0.324 * (0.173)
FP 相关性	0.155 *** (0.050)	0.154 *** (0.050)	0.155 *** (0.050)	0.133 ** (0.058)	0.132 ** (0.058)	0.133 ** (0.058)	0.133 ** (0.058)
MP 相关性	0.0693 (0.060)	0.0656 (0.060)	0.0680 (0.060)	0.0364 (0.068)	0.038 (0.070)	0.035 (0.069)	0.036 (0.070)
名义汇率波动	−0.897 *** (0.197)	−0.903 *** (0.198)	−0.904 *** (0.197)	−0.6592 *** (0.221)	−0.659 *** (0.221)	−0.661 *** (0.221)	−0.659 *** (0.221)

变量	1	2	3	4	5	6	7
常数项	0.437 *** (0.051)	0.447 *** (0.050)	0.443 *** (0.051)	0.280 *** (0.103)	0.278 *** (0.105)	0.281 *** (0.103)	0.280 *** (0.104)
观察值	338	337	338	266	266	266	266
R^2	0.1439	0.1041	0.1046	0.0958	0.0958	0.0959	0.0958
调整后的 R^2	0.0945	0.0933	0.0938	0.0819	0.0784	0.0785	0.0784
均方根误差	0.4460	0.44692	0.4462	0.46167	0.46255	0.46253	0.46256

注：括号内的数值为相应变量的标准差：*** 表示 $p < 0.01$，** 表示 $p < 0.05$，* 表示 $p < 0.1$。因变量为两个国家（地区）之间的实际 GDP 的相关性（欧元区视为一个整体），分为 4 个子时期：1980 ~ 1984 年、1985 ~ 1996 年、1997 ~ 2007 年与 2008 ~ 2016 年。产业内贸易指数 IIT 以国际贸易标准分类（SITC）一位数分类计算。SITC 二位数、三位数、四位数以及五位数分类分别用来计算 IIT2、IIT3、IIT4 和 IIT5，但由于篇幅有限，数据结果不在此展示。

　　财政政策、货币政策和汇率变动系数的取值正负与预期一致，除表 2.3 中的货币政策系数外，其他都在 5% 的显著性水平上具有显著性。从理论上来说，货币政策和财政政策的相关性越强，汇率稳定性就越高（即汇率变动越小），越可能提高经济周期的同步性。财政政策和货币政策系数取值均为正，汇率波动系数为负值，与前文的理论意义相一致。财政政策相关性系数的大小介于 0.132 ~ 0.155。货币政策相关性系数大小约为 0.04 ~ 0.07，低于财政政策系数。考虑到不同政策相关性变量的系数可以进行比较，汇率波动系数数值通常大于 0.6，而小于 1。然而，从控制变量意义的角度来看，与汇率协动性相反，财政政策和货币政策比以上任何一个系数都更具有可比性，因为财政政策和货币政策是通过相关比率或增长率的相关性计算得出的，而汇率波动在计算时没有运用相关性，它的值只是名义双边汇率的标准差与其平均值之比。

　　基于豪斯曼检验，随机效应面板回归更适合本章中使用的模型。考虑到随机效应的面板回归结果与混合回归的结果相一致，本章省略了具有随机效应面板回归的结果，而给出了固定结果的面板回归的数据，以揭示随机效应面板回归结果和固定效应面板回归结果之间的差异。在固定效应面板回归分析（见表 2.4）中，无论是否纳入产业内贸易（IIT）变量，贸易强度取值有正有负，且在 10% 显著性水平上不具有显著性。产业内贸易变量均为正数，且具有显著性。另外，一旦将 IIT 纳入到回归分析后，在没有包括 IIT 指数的情况下，常数项系数的数值和相应的贸易强度（WX

和 WT）数值大小将平均减少约 0.1。该现象与表 2.3 说明的结论相符，即 IIT 可以有效地从常数项和贸易强度中获得部分预估权重。

表 2.4　贸易对 11 个亚洲国家（地区）、美国以及欧元区之间的经济周期协动的影响（消除线性趋势的固定效应面板回归）

变量	1	2	3	4	5	6	7
wx	−4.495 (4.263)				−3.330 (4.645)		
wm		1.911 (2.052)				2.348 (2.135)	
wt			−2.689 (4.214)				−1.452 (4.506)
产业内贸易 （IIT）				0.115 (0.329)	0.139 (0.331)	0.065 (0.332)	0.132 (0.334)
FP 相关性	0.229*** (0.062)	0.226*** (0.062)	0.228*** (0.062)	0.192*** (0.071)	0.195*** (0.071)	0.195*** (0.071)	0.193*** (0.071)
MP 相关性	0.062 (0.081)	0.070 (0.081)	0.068 (0.081)	0.076 (0.090)	0.071 (0.090)	0.073 (0.090)	0.076 (0.090)
名义汇率 波动	−0.728*** (0.258)	−0.670** (0.261)	−0.720*** (0.258)	−0.544* (0.276)	−0.549** (0.277)	−0.504* (0.278)	−0.543* (−0.277)
常数项	0.490*** (0.103)	0.341*** (0.083)	0.451*** (0.099)	0.342* (0.176)	0.401** (0.195)	0.291 (0.182)	0.363* (0.189)
观察值	338	337	338	266	266	266	266
R^2_组内	0.1412	0.1401	0.1381	0.1101	0.1131	0.1171	0.1107
R^2_组间	0.0007	0.0140	0.0091	0.0246	0.0082	0.0071	0.0206
R^2_整体	0.0567	0.0888	0.0808	0.0847	0.0609	0.0668	0.0793
Sigma_e	0.4554	0.4557	0.4562	0.4656	0.4664	0.4653	0.4670
Sigma_u	0.3019	0.2858	0.2863	0.2941	0.3054	0.3065	0.2959
rho	0.3052	0.2822	0.2826	0.2852	0.3001	0.3025	0.2865

注：括号内的数值为相应变量的标准差：*** 表示 $p < 0.01$，** 表示 $p < 0.05$，* 表示 $p < 0.1$。因变量为两个国家（地区）之间的实际 GDP 的相关性（欧元区视为一个整体），分为 4 个子时期：1980～1984 年、1985～1996 年、1997～2007 年与 2008～2016 年。产业内贸易指数 IIT 以国际贸易标准分类（SITC）一位数分类计算。SITC 二位数、三位数、四位数以及五位数分类分别用来计算 IIT2、IIT3、IIT4 和 IIT5，但由于篇幅有限，数据结果不在此展示。

表2.4中的货币政策变量、财政政策变量及汇率变动变量的符号与表2.3一致，各政策变量的显著性也没有发生改变。具体来说，汇率变动的系数范围从0.66~0.90下降到0.504~0.73，而其他两项政策的系数大小的变化则较小。

（2）HP滤波消除趋势的结果。表2.5与表2.6展示了通过HP滤波消除趋势后的数据进行回归后的结果，这一数据处理方式可以作为对表2.3与表2.4的线性去趋势数据回归结果的稳健性分析。表2.5中的贸易强度系数虽为正值，并且范围在1.216~1.670，但在统计上并不显著。产业内贸易指数IIT系数均为正值，平均在5%的显著性水平下具有显著性，系数大小在0.368~0.408。当回归模型包含产业内贸易变量时，财政政策相关性系数与货币政策相关性系数均为负数，但这两个系数在10%的显著性水平上不显著，且财政政策相关性的系数较小，一般为0.01左右。汇率变动系数均为负值，并且在1%的显著性水平上具有显著性。同时，回归结果表明，汇率变动系数的量级通常大于1，除非将IIT与贸易强度系数同时纳入回归分析中。

表2.5　贸易对11个亚洲国家（地区）、美国以及欧元区之间的经济周期协动的影响（HP滤波去趋势的混合回归）

变量	1	2	3	4	5	6	7
wx	1.443 (1.000)				1.156 (1.142)		
wm		1.216* (0.719)				0.842 (0.821)	
wt			1.670 (1.089)				1.209 (1.234)
产业内贸易 （IIT）				0.408** (0.162)	0.390** (0.163)	0.368** (0.166)	0.380** (0.164)
FP相关性	0.016 (0.050)	0.011 (0.051)	0.016 (0.050)	-0.021 (0.060)	-0.023 (0.060)	-0.024 (0.060)	-0.023 (0.060)
MP相关性	0.006 (0.059)	0.002 (0.059)	0.007 (0.059)	-0.017 (0.070)	-0.004 (0.072)	-0.007 (0.071)	-0.003 (0.072)

续表

变量	1	2	3	4	5	6	7
名义汇率波动	−1.1307 *** (0.190)	−1.125 *** (0.190)	−1.138 *** (0.189)	−0.920 *** (0.215)	−0.915 *** (0.215)	−0.913 *** (0.215)	−0.924 *** (0.215)
常数项	0.580 *** (0.050)	0.588 *** (0.049)	0.578 *** (0.050)	0.391 *** (0.098)	0.374 *** (0.100)	0.385 *** (0.098)	0.380 *** (0.100)
观察值	339	338	339	267	267	267	268
R^2	0.1136	0.1158	0.1144	0.1106	0.1141	0.1142	0.1139
调整后的 R^2	0.1030	0.1052	0.1038	0.0971	0.0971	0.0972	0.0969
均方根误差	0.42186	0.42196	0.42169	0.44335	0.44333	0.4433	0.44338

注：括号内的数值为相应变量的标准差；*** 表示 $p < 0.01$，** 表示 $p < 0.05$，* 表示 $p < 0.1$。因变量为两个国家（地区）之间的实际 GDP 的相关性（欧元区视为一个整体），分为 4 个子时期：1980～1984 年、1985～1996 年、1997～2007 年与 2008～2016 年。产业内贸易指数 IIT 以国际贸易标准分类（SITC）一位数分类计算。SITC 二位数、三位数、四位数以及五位数分类分别用来计算 IIT2、IIT3、IIT4 和 IIT5，但由于篇幅有限，数据结果不在此展示。

表 2.6　　贸易对 11 个亚洲国家（地区）、美国以及欧元区之间的
　　　　　　经济周期协动的影响（HP 滤波去趋势的固定效应面板回归）

变量	1	2	3	4	5	6	7
wx	−1.599 (4.197)				−0.925 (4.625)		
wm		4.335 ** (2.001)				4.414 ** (2.103)	
wt			0.654 (4.147)				0.955 (4.486)
产业内贸易（IIT）				0.455 (0.315)	0.463 (0.319)	0.369 (0.314)	0.443 (0.321)
财政政策相关性	0.075 (0.066)	0.074 (0.066)	0.074 (0.066)	0.039 (0.075)	0.034 (0.076)	0.040 (0.075)	0.039 (0.076)
货币政策相关性	−0.023 (0.084)	−0.017 (0.082)	−0.020 (0.083)	0.006 (0.094)	0.004 (0.094)	0.006 (0.093)	0.006 (0.094)
名义汇率	−0.921 *** (0.258)	−0.834 *** (0.257)	−0.915 *** (0.258)	−0.714 ** (0.279)	−0.715 ** (0.280)	−0.642 ** (0.278)	−0.714 ** (0.280)

变量	1	2	3	4	5	6	7
波动	0.589 ***	0.428 ***	0.544 ***	0.313 *	0.328 *	0.215	0.299
	(0.103)	(0.082)	(0.099)	(0.171)	(0.189)	(0.175)	(0.183)
常数项	339	338	339	267	267	267	267
观察值	0.0867	0.1074	0.0862	0.0796	0.0798	0.1047	0.0798
R^2_组内	0.0764	0.0696	0.1547	0.1472	0.1253	0.0678	0.1559
R^2_组间	0.0824	0.0805	0.1073	0.1044	0.0962	0.0756	0.1076
R^2_整体	0.4496	0.4445	0.4497	0.4637	0.4651	0.4587	0.4651
Sigma_e	0.2430	0.2584	0.2338	0.2488	0.2520	0.2822	0.2475
Sigma_u	0.2260	0.2526	0.2127	0.2235	0.2270	0.2746	0.2207

注: 括号内的数值为相应变量的标准差: *** 表示 $p < 0.01$, ** 表示 $p < 0.05$, * 表示 $p < 0.1$。因变量为两个国家（地区）之间的实际 GDP 的相关性（欧元区视为一个整体），分为 4 个子时期：1980~1984 年、1985~1996 年、1997~2007 年与 2008~2016 年。产业内贸易指数 IIT 以国际贸易标准分类（SITC）一位数分类计算。SITC 二位数、三位数、四位数以及五位数分类分别用来计算 IIT2、IIT3、IIT4 和 IIT5，但由于篇幅有限，数据结果不在此展示。

（3）稳健性分析。概括而言，由稳健性分析得出的结果与主要结论一致，即当采用混合回归或随机效应面板回归分析时，产业内贸易指数 IIT 均为正值，且在 5% 的显著性水平上具有显著性，这表明 IIT 在解释经济周期同步性方面具有较大的正向促进性。在大多数情况下，贸易强度系数为正值，但在 5% 的显著性水平上缺乏显著性。另外，在采用混合回归和随机效应面板回归两种分析模型下，IIT 系数与贸易强度系数相比，数值一般都会更大些，且在 5% 的显著性水平上显著性一般都更强。由此可以总结，与贸易总量相比，IIT 对经济周期协动的影响更大。

三个政策变量（财政政策相关性，货币政策相关性以及汇率变动）在整体上其正负号与预期一致。采用混合回归与随机效应面板回归分析时，财政政策相关性系数均为正值，并且在 5% 的显著性水平上具有显著性。相同条件下，汇率变动系数均为负值，与预期结果一致，汇率变动均在 5% 的显著性水平上具有显著性，该结果表示，汇率稳定性（即汇率波动较小）对经济周期同步性具有重要的促进作用。货币政策相关性系数的正负较为不稳定，尽管在大多数情况下为正值，但在某些情况下，取值为负，货币政策相关性系数在统计上也不具有显著性，且取值为负的货币政策相关性系数数值较小。

汇率变动、贸易强度以及产业内贸易 IIT 的系数比其他变量的系数要大 4~5 倍,一方面,说明经济周期同步性对贸易和汇率变动两者引起的变化更为敏感;另一方面,这也说明贸易的渠道和汇率变动对解释经济周期同步性具有更为重要的作用。采用混合回归与随机效应面板回归分析时,将贸易强度系数与 IIT 系数相比较,发现 IIT 一般比贸易强度系数数值更大,且在 5% 的显著性水平更具有显著性。而将三个政策相关性系数作比较可发现,汇率变动系数在数值大小上为三者中最大,显著性亦为三者最高;其次,是财政政策相关性,在数值大小和显著性上排名第二;最后,是货币政策相关性。

2.4 结论与政策启示

本书从相关性分析入手,采用多维度面板回归模型进行分析。回归分析的结果均证明,产业内贸易(IIT)对经济周期同步性具有正向的并且重要的作用,结论已经使用豪斯曼检验进行验证。具体结论如下:在大多数情况下,IIT 系数为正值,且在 5% 的显著性水平上具有显著性,表明产业内贸易对解释经济周期同步性方面具有较大的促进作用。而对于贸易强度,在大多数情况下,其系数均为正值,使用固定效应面板回归分析的情况除外。另外,在混合回归和随机效应面板回归分析的两种情况下,相比贸易强度,产业内贸易的系数在数值上通常会更大,且在 5% 的显著性水平上更具有显著性。因此,可以得出结论,产业内贸易对经济周期协动的影响比贸易强度更大。

然而,当各国的汇率波动真正相互独立且不互相影响时,调整宏观经济及汇率政策并无太大的必要。而且,若不同步的 GDP 增长能够为经济提供自动稳定的机制,那么调整对不同国家之间的政策并非一定有利。值得注意的是,作为最优货币区的衡量标准之一,经济周期同步性的提高被人们过度强调。通过贸易渠道的经济周期传导并没有直接影响国际政策的调整,在此之前,不同国家之间可能已经达成对国际政策的共识,因而,导致了经济周期的同步性提高。相反,如果经济周期同步性相对较低,这些国家则需要做出更大的政策调整。

第3章

中国的增加值贸易与
经济周期协动性[*]

3.1 引言及文献综述

3.1.1 引言

改革开放以来，中国与世界各国的经济联系不断加强，尤其是 2001 年加入世界贸易组织以来，中国与世界各国的经济联系日益紧密，一国的经济波动通过国际贸易、国际直接投资、产业结构等可以对我国经济产生重大影响，无论是 2008 年的金融危机、2011 年日本地震造成全球电子产业受创还是 2016 年英国脱欧，都对我国经济产生了明显地影响。种种迹象表明，我国与世界各国经济协动性日益提高。在这种背景下正确估计贸易、FDI、产业结构、产业内贸易等因素对经济协动性的影响就显得尤为重要。然而，全球价值链分工背景下传统国际贸易统计方式已经不能准确地反映实际贸易状况，以进出一国关境价格统计贸易额的方式通常会重复计算商品及其中间产品的进出口额，夸大一国实际贸易状况。而我国加工贸易发达的情况更加剧了这种扭曲，来料加工、进料加工后出口的贸易方式在传统贸易统计下产生了巨大的贸易额，产生的实际国内增加值却极为有限，巨大贸易额背后是价值链底端、微薄的加工利润的现状，因此，我们需要一种新的贸易统计方式来衡量实际贸易状况，从而准确估计贸易对我国经济的影响以及对经济协动性的影响。

---

* 感谢陈毅腾对第 3 章部分内容的整理。

在这种情况下，本章利用增加值贸易数据来衡量我国与其他国家的实际贸易状况，这种以国内增加值核算的统计方式更加适应全球价值链背景下的国际贸易现状，它统计的是各国凝结在产品中的国内增加值的跨国流动，因此，有利于各国准确认识本国在全球价值链的地位以及本国的实际贸易状况。我国作为世界上最大的贸易国、世界第二大经济体，国际、国内学界日益关注我国与其他国家、世界的经济协动性，试图在国际贸易迅速发展、增加值贸易统计方法逐步完善、国际直接投资和各国金融日益开放的背景下，进一步确定经济周期协动性是否存在以及影响这种协动性的因素，在利用经济周期协动性"搭外国便车"促进本国发展的同时，减少外国政治、经济波动可能对本国产生的消极影响。因此，利用增加值贸易核算方法来确定我国真实的贸易水平，并在此基础上进行数据分析和实证分析，这将更加准确地衡量贸易对经济协动性的影响，从而为正确决策提供依据。

目前来看，比较成熟、深入的经济协动性研究大部分都是针对发达国家进行的，而针对发达国家、发展中国家总体以及单独针对发展中国家或者中国的研究相对较少。发展中国家特别是中国有着不同于发达国家的经济状况、贸易状况，因此，不能一味地照搬发达国家已有的研究，而应该在借鉴已有研究的基础上，进行更有针对性地研究，从而得出适合自身的结论。此外，针对发展中国家尤其是中国的研究往往是建立在传统贸易统计口径的基础上，由于贸易统计的不准确，很多相关研究是否准确值得商榷。本书的目的在于以中国为中心进行研究，利用已有的增加值贸易测算方法、数据，借鉴前人的研究方法，在我国经济日益融入世界经济、影响力日益扩大的背景下，结合已有文献进行更有针对性地研究，研究增加值贸易、投资、产业结构、产业内贸易水平等诸多变量对经济协动性的共同影响，弥补以前研究将这些变量孤立开来以及贸易统计数据不准确的弊端，从而更加准确地衡量贸易、投资等因素对经济周期协动性的影响。

3.1.2　文献综述

随着跨国公司的兴起和国际分工的深化，我们消费的最终产品通常并不完全由一个国家进行生产。越是复杂产品的生产，其生产价值链涉及的国家就越多，一国出口的产品价值中总是含有从其他国家进口的中间产品或最终产品的价值。在这种情况下，如果仅用一国进出口总值的方法来衡量一国的贸易、经济状况，则存在着诸多偏差，使各国无法准确判断本国及世界的贸易状况，不利于贸易、经济政策的制定。

虽然传统国际贸易统计方法对统计方法进行了诸多修订，但是仍然难以反映"谁为谁生产"（who produce for whom）的问题（Daudin et al.，2009），因此，越来越多的学者根据全球价值链的概念进行增加值贸易的研究，提出增加值贸易的核算方法。目前，主要的增加值贸易核算方法有：赫梅尔斯等（Hummels et al.，2001）提出的 HIY 法，该方法利用垂直专业化指标来核算一国直接或间接的增加值出口。但李昕和徐滇庆（2013）指出，该方法存在严格的假设条件，因此，并不适于广泛使用；除 HIY 法外，多丹等（Daudin et al.，2011）提出了 DRS 法，该方法基于 GTAP 数据库的投入产出表来分析全球增加值贸易流量，相较于基于一国投入产出表测算的 HIY 法有了很大进步，但是，由于该方法没有区分开贸易中的进口中间品和最终品，因此，其在数据上仍然存在着不够严谨的缺点。

目前，最新的增加值贸易测算方法是利用 WIOD 数据库的国际投入产出表来计算贸易增加值的，该表对中间品和最终产品的使用做了明确地区分，在数据质量上借鉴 DRS 法，斯德弗尔（Stehrer，2012）在该数据库的基础上，利用约翰逊和诺格拉（Johnson and Noguera，2012）提出的方法，统计了世界各国的增加值贸易情况，是目前来看最能贴近增加值贸易实际的统计方法。

增加值贸易研究最早在国外兴起，多丹等（2009）首次明确提出对增加值贸易进行测度，全球化使得许多产品的生产环节分布在不同的国家，将产品全部价值计入最后一个环节生产国的方法并不科学，应该对各生产环节产生的增加值进行分别统计，才能准确地反映各国贸易状况。约翰逊和诺格拉（2012）则注意到许多发展中国家的加工贸易盛行，仅仅关注这些国家的总贸易水平往往夸大了该国的贸易状况，应该为出口加工贸易行业单独建立投入产出表，以准确衡量这些国家的增加值贸易。库普曼等（Koopman et al.，2012）则进一步提出了统一的总出口核算框架，从而将一国的总出口分解为各种不同来源的增加值部分以及被重复计算（double counting）的部分。

国内研究方面，贾怀勤（2012）在其文章中首次介绍了增加值贸易的概念和方法；王岚等（2014）在概念和方法上做了进一步的介绍。刘丽萍（2013）在此基础上，比较了增加值贸易和传统国际贸易核算方法的异同，通过核算贸易增加值发现，以贸易增加值衡量的国际贸易总量大幅减少，且双边贸易平衡格局发生了重大变化，因此，我国应该重视增加值贸易核算方法，从而准确判断中国在国际贸易中的地位和贸易利益。刘洪愧、张定胜和邹恒甫（2015）发现，以中国、印度、巴西为代表的新兴市场的全球价值链（GVC）参与度很高，但出口的增加值率很低，服务贸易含量低，需要在扩大对外开放的同时培养自身优势环节。邓军（2014）则在其文章中以增加值贸易的视角全面分析了我国的对外贸易特征，认为总贸易倾向于夸大我国贸易总额和贸易差额，并且我国出口贸易中含有来自其他国家的增加值，这些增加值主要来自日本、韩国、美国等国，这使得我国的对外贸易顺差大幅减小。此外，我国的出口贸易的国内增加值比例在逐渐提高，反映出我国的出口结构正在不断改善。陈雯和李强（2014）的研究进一步证明了邓军的观点，认为传统的统计方法夸大了我国的进出口贸易规模，除此之外，由于我国各细分行业有着不同的增加值特征，因此，传统的国际贸易方法还扭曲了我国各行业的出口规模。

虽然世界经济一体化不断发展，各国贸易、投资、金融联系不断加强，但是，有部分学者认为这并不意味着世界各国或者部分国家之间经济协动性的加强，相反，即使各国或者部分国家之间的经济发展趋势相同，但也可能不存在经济周期协动性，即存在着"经济脱钩"。希克曼和菲利托夫（Hickman and Filatov，1983）指出，经济波动的跨国传导非常微弱，很容易被各国国内的经济环境和经济发展趋势所抵消，因此，世界经济周期协动性几乎不存在。唐海燕（1999）的研究也得出类似的结论，由于各国国内经济周期的不同步，跨国传导很容易被其他国家的内部经济周期所抵消，从而不表现出世界经济周期协动性。朴（Park，2011）则认为，"脱钩"是发达国家供需变化对东亚新兴经济体经济增长的影响减弱，同时，东亚地区经济周期的波动更加独立于全球经济周期波动的现象。奥瑟兹（Ozzie，2009）更为明确地指出，"脱钩"是指，无论发达国家情况如何，以中国为首的新兴市场大国都能够实现自身经济的长期增长。

尽管如此，大部分相关研究仍然认为在世界经济一体化的背景下，各国经济不可避免地存在着经济周期协动性，且这种协动性还在不断加强。德拉斯（Dellas，1986）指出，英国、美国、德国、日本这四个国家间的经济周期在很长一段时间内保持一致。巴克斯等（Backus et al.，1992）则首次提出了分析国家间经济协动性的国际实际经济周期理论（IRBC）。该理论认为，在开放经济条件下，各国经济（产出）由于国际贸易、国际投资的存在，不可避免地受到其他国家产出的影响。而国际贸易、国际投资正在不断发展。阿瑞斯（Aris，1997）在此基础上提出，处在同一个经济地理区域内的国家之间的经济周期协动性大于与区域外国家的协动性。因此，区域经济一体化的加强将不可避免地增强国家之间的协动性。

在国际实际经济周期理论的基础上，国外对世界经济周期协动性的研究主要集中在发达国家之间，且其研究主要分为三个方向：国际贸易（包括产业内贸易）、FDI 和产业结构相似度。

与通常的贸易将有助于促进经济周期协动性的观点相反，艾肯格林（Eichengreen，1992）和克鲁格曼（1993）认为，当贸易联系增加时，即如果贸易产生了竞争优势，那么生产的专业化分工会进一步加强，这将导致经济周期同步性降低。福德马克（Firdmuc，2004）发现，贸易强度对国际经济周期没有影响，而 OECD 1990~1999 年的数据证实产业内贸易与国际经济周期有显著的正相关性。但是，更多的研究得出的结论认为，贸易的加强将有助于加强经济周期协动性，弗兰克和路斯（1998）研究发现，在工业化国家中，贸易密度越大意味着经济周期协动性越强。卡尔德隆等（Calderón et al.，2007）在此基础上，进一步扩大了实证研究的范围，其结果表明，发展中国家之间的贸易与经济周期同步性显著正相关，但显著性弱于发达国家之间。

除从贸易总量上进行分析外，高丝和易（2001）认为，国际经济周期的同步性还取决于贸易双方在产业结构上的相似程度，两国不同的产业结构使得它们在面临产业冲击时的反应不同。他们还发现，产业内贸易比产业间贸易乃至所有贸易更能引起 GDP 同步运动。詹森和斯托克曼（Jansen and Stockman，2004）对 OECD 国家 1982~2001 年数据进行分析，提出 FDI 与国际经济周期呈正相关的观点。吴等（2009）的结果表明，FDI 具有显著的正效应，认为 FDI 联系比贸易和产业结构相似能更好地解释经济周期协同的变化模式。英布斯（2004）、李和阿扎里（Lee and Azali，2009）在研究产业专业化模式与经济周期协动性的动态关系时发现：产业结构越相似，经济周期协动性程度越高。但是，部分学者（Clark and van Wincoop，2001；Otto et al.，2001；Cerqueira and Martins，2009；Wu et al.，2009）指出，产业结构相似与经济周期协动性并不具有显著关系。在国外研究的基础上，国内研究更多的包括贸易强度、产业内贸易、FDI 和产业结构在内的综合研究。

任志祥和宋玉华（2004）研究了中国与主要贸易伙伴之间经济的协动

性，并得出，我国与这些国家之间经济协动性不强的结论，且贸易强度对经济周期协动性的影响不显著，但是，从贸易模式来看，产业内贸易对经济周期协动性的影响更为显著。而石柱鲜等（2009）以及彭斯达和陈继勇（2009）的研究也得出了类似结论，认为中国与其他经济体之间的经济周期协动性并不明显。周艳波（2014）针对中国与东盟经济周期协动性的研究发现，我国与东盟之间存在着经济上的协动性，这种协动性形成于20世纪90年代，在面板数据实证研究的基础上，他发现贸易强度、产业结构差异性加强了经济周期协动性，而双边 FDI 降低了经济周期协动性。程惠芳和岑丽君（2010）分析了贸易强度、FDI 强度和产业结构相似度对中国与其主要贸易伙伴经济周期协动性的影响，认为中国与主要贸易伙伴之间存在着协动性。此外，她将贸易伙伴分为发达、发展中贸易伙伴进行进一步研究，比较贸易强度、FDI 强度对我国与发达、发展中国家经济周期协动性影响的大小。肖文等（2015）将贸易方面的研究进行了进一步细化，发现产业内贸易对经济周期协动性的影响大于贸易强度的影响，且资本密集型产品的产业内贸易对经济周期协动性的影响要显著大于劳动密集型产品的产业内贸易。罗斐和庄起善（2005）发现，东亚各国（地区）贸易强度的增加并不一定带来两国宏观经济波动相关性的提升，对此，他们的解释是东亚地区贸易主要是产业间贸易，而产业间贸易倾向于降低经济周期协动性。

就增加至贸易与经济周期协动性的文献而言，目前来看，针对两者之间关系的研究较少，杜瓦尔和李（Duval and Li，2015）研究发现，增加值贸易强度对经济周期协动性具有显著的正向影响，并且这种影响是十分稳健的，除此之外，他们还认为产业内贸易放大了贸易一体化（trade integration）对经济周期协动性的影响。潘文卿、娄莹和李宏彬（2015）则研究了价值链贸易对经济周期协动性的影响（价值链贸易与增加值贸易概念密切相关），指出价值链贸易显著影响经济周期协动性，且对双边贸易具有"放大"作用。

总体来看，目前有关增加值贸易和经济周期协动性的研究较少，因此，本章力图在原有经济周期协动性影响因素的基础上，以增加值贸易取代总贸易，对中国与外国之间是否存在经济周期协动性进行研究，并且重新确定各因素对经济周期协动性的影响。

3.2 中国增加值贸易的现状概述

作为最常见的国际经济活动，国际贸易自地理大发现以来蓬勃发展，已经有数世纪之久。在地理大发现以后很长的一段时间内，以货物进出口关境时价值、价格统计国际贸易流量的方法都大体符合国际贸易的实际情况。但是，随着产品复杂程度的不断提高及国际分工的细化，以商品总值统计贸易流量的传统关境统计方法已经难以准确地反映各国国际贸易的实际情况。在这种背景下，世界贸易组织和其他国际经济组织经过不断探索，提出以增加值贸易来核算国际贸易的方法。

从图 3.1 可以看出，在 2011 年，以传统贸易统计方式统计的国际贸易流量与以增加值贸易方式核算的国际贸易流量存在着较为显著的差异。图 3.1 中所罗列的国家除了俄罗斯外，美国、日本、韩国、澳大利亚以增加值贸易核算的国际贸易流量分别仅为传统贸易统计方式的 83%、73%、45% 和 73%。可见，以传统贸易统计方式来衡量现行国际贸易状况的方式已经不足以准确刻画国际贸易现状。

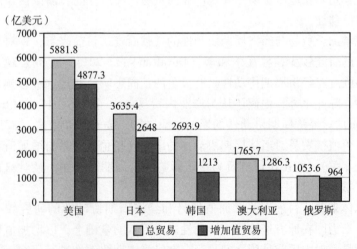

图 3.1 2011 年以传统贸易和增加值贸易方式核算的中国与伙伴国双边贸易对比
数据来源：世界投入产出数据库（World Input – Output Database）。

传统贸易统计方式不仅夸大了中国与其他国家之间的国际贸易总量，

从进出口差额来看，在 2011 年，以传统贸易方式统计的中美、中日、中韩、中澳、中俄国际贸易差额分别为 2375 亿美元、35 亿美元、456 亿美元、391 亿美元和 99 亿美元；而以增加值贸易方式统计的中美、中日、中韩、中澳、中俄国际贸易差额分别为：1911 亿美元、26 亿美元、102 亿美元、223.3 亿美元和 91 亿美元[①]。传统贸易统计方式显著夸大了国际贸易差额，如果以增加值贸易核算方式来进行统计，那么，中国也许就不会因为巨额的国际贸易顺差而屡屡遭遇各种关税与非关税壁垒。

从某种程度上来说，增加值贸易和传统贸易方式统计的一国国际贸易流量与该国 GDP 的比值可以衡量一国经济的开放程度。以传统贸易统计方式计算的一国经济开放程度通常高估了一国经济开放水平，这种高估在一些小国及过境贸易发达的经济体之中可能尤其明显。这些国家、经济体以传统贸易方式统计的国际贸易流量很高，但是，这些国家可能与全球价值链的联系并不紧密，国内生产其实与国际经济合作并没有太大的关系。增加值贸易统计方法与传统国际贸易统计方法的不同，不仅体现在贸易总量的差异上，实际上由于各个细分行业生产状况的差异，增加值贸易统计方法与传统国际贸易统计方法的结果有时趋于一致，有时又截然不同。

将出口划分为货物贸易出口和增加值贸易出口，一方面，传统贸易统计方式明显高估了货物贸易、服务贸易的出口状况，以增加值贸易核算的实际贸易流量分别仅相当于以传统贸易统计方式的 62.1%（货物贸易）和 84.8%（服务贸易）[②]。另一方面，传统国际贸易统计方法对服务贸易的高估相对较少，这从某种程度上也体现了服务贸易相对于货物贸易来说，中间产品/服务投入较少的行业特征。将货物贸易进一步分解，以对比传统贸易统计方式和增加值贸易统计方式在货物贸易具体行业上的差异。为了直观地比较增加值贸易和传统贸易统计方式的差异，在此构建增加值贸易率 $TvR = $ 增加值贸易统计值/传统贸易统计值，则增加值贸易率越低，代表两者差异越大，一方面，意味着该产业传统贸易统计方式严重高估了实际贸易状况；另一方面，也表明该产业在我国国内增加值较低。

从表 3.1 我们可以看出，以农林牧渔、卖炭开采和洗选业、纺织品相关行业为代表的劳动密集型产业增加值贸易率较高，即在这些产业相对来传统国际贸易统计方式的高估并不严重，或者说这些行业进行国际贸易时国内增加值含量较高，反映出这些行业通常来说相对较少地参与全球价值

[①②]　数据来源：世界投入产出数据库 World Input - Output Database。

链的特征。而以黑色金属冶炼、汽车制造业为代表的资本密集型行业增加值贸易率相对较低，这时，传统国际贸易统计方式的高估较为严重，反映出资本密集型行业较多地参与全球价值链的特征。以电子计算机制造业、电子元器件制造业及合成材料制造业为代表的技术密集型行业增加值贸易率最低，即在这些行业传统贸易统计方式上严重高估了实际的贸易状况，在这些行业，我国国内增加值较少，反映出我国在高技术行业中大多负责低价值部分的特征。

表3.1　　　　　　　　　　货物贸易部分产业增加值贸易率

产业	TvR	产业	TvR	产业	TvR
农林牧渔	0.893	黑色金属冶炼	0.737	电气设备制造业	0.502
煤炭开采和洗选业	0.855	基础化学原料	0.771	通信设备及雷达制造业	0.597
食品及酒精饮料	0.731	金属制品业	0.813	电子计算机制造业	0.342
烟草制品业	0.856	通用设备制造业	0.739	电子元器件制造业	0.527
纺织、针织制成品制造业	0.855	专用设备制造业	0.753	仪器仪表制造业	0.441
纺织服装、鞋、帽制造业	0.815	汽车制造业	0.783	合成材料制造业	0.488

数据来源：世界投入产出数据库（World Input – Output Database）。

接下来，我们对服务贸易进行进一步分解来分析服务贸易内部各个细分行业层面增加值贸易统计方式和传统贸易统计方式的差异。

表3.2展示了服务贸易总体的增加值贸易率显著高于货物贸易增加值贸易率。通信服务、保险、金融服务及计算机和信息服务的增加值贸易率较高。一方面，传统贸易统计方式在这些产业上产生的扭曲相对较小；另一方面，我国在这些产业上的国内增加值相对较高，具有一定的竞争力。相对来说，运输服务、建筑服务的增加值贸易率相对较低，反映出传统统计方式的高估较为严重，同时，也表现出这些行业的国内增加值相对较少，我国在这方面的国际参与附加值相对较低。

以分解苹果公司 Iphone4 和 Ipad 价值构成的方法为例，进一步分析增加值贸易核算方法与传统贸易统计方法的异同，进一步证实我国技术密集型行业增加值贸易水平较低的结论。苹果公司在全球范围内有 7 个组装工厂，其中，6 个位于中国，根据美银美林研究显示，2014 年，中国组装了约 1 亿部 Iphone 手机，除了 1700 万部左右在中国销售以外，其他的将被

出口到全球各地，以传统贸易统计方式计算，仅此一项将为中国增加约
252 亿美元的出口额。然而，中国 Iphone 组装利润极低，每年实际在国内
产生的增加值极低，以传统贸易统计方式计算的贸易额显然不能反映我国
实际的出口水平。

表 3.2　　　　　　　　　服务贸易部分产业增加值贸易率

服务产业	TvR	服务产业	TvR
服务贸易	0.848	保险、金融服务	0.949
运输服务	0.834	计算机和信息服务	0.908
旅游服务	0.864	特许权使用和许可费	0.783
通信服务	0.904	其他商业服务	0.860
建筑服务	0.646		

数据来源：世界投入产出数据库（World Input – Output Database）。

根据肯尼思·L. 克雷默、格雷格·林登和詹森·德崔克（Kenneth
L. Kraemer, Greg Linden, and Jason Dedrick, 2011）的研究，2010 年，
Iphone4 和 16GBWi – Fi 版 Ipad 中（见表 3.3），中国大陆实际增加值仅为
10 美元、8 美元，分别仅占该产品的 1.8% 和 1.6%，即以增加值贸易来
衡量，这两款 Ipad 2010 年为中国带来的增加值贸易仅为传统贸易统计方
式的 2% 左右。由此可见，由于中国加工贸易在中国传统贸易中的比重极
大，以传统贸易统计的贸易额无法准确地反映中国实际贸易状况。仅从
Iphone4 和 16GBWi – Fi 版 Ipad 两项产品来看，如果以增加值贸易统计方
式来核算的话，我国对美国的巨额贸易顺差可能会大大减少。

表 3.3　　　　　　　　　2010 年 Iphone 和 Ipad 价值分解

国家/地区	生产活动	Iphone4（2010）		16GB Wi – Fi Ipad（2010）	
		价值/成本（美元）	占售价比重（%）	价值/成本（美元）	占售价比重（%）
世界总体	零售价格	549	100	499	100
美国	全美总体	334	60.8	162	32.5
苹果公司	设计、营销	321	58.5	150	30.1
美国供应商	零配件加工	13	2.4	12	2.4

国家/地区	生产活动	Iphone4 (2010)		16GB Wi-Fi Ipad (2010)	
		价值/成本（美元）	占售价比重（%）	价值/成本（美元）	占售价比重（%）
日本	零配件加工	3	0.5	7	1.4
韩国	零配件加工	26	4.7	34	6.8
中国台湾	零配件加工	3	0.5	7	1.4
欧盟	零配件加工	6	1.1	1	0.2
其他		29	5.3	27	5.4
直接人工费	总额	29	5.3	33	6.6
中国大陆	零件、组装人工	10	1.8	8	1.6
其他	零配件人工	19	3.5	25	5.0
世界总体	投入材料的非人工成本	120	21.9	154	30.9

注：表中 Iphone4 为 16GB 产品，Ipad 为 16GB 且无 cellular 功能产品。

数据来源：Kenneth L. Kraemer, Greg Linden, and Jason Dedrick, Capturing Value in Global Networks：Apple's iPad and iPhone, UC Irvine Working Paper, 2011.

通过以上从总体层面、产业层面到微观产品层面的分析，我们可以发现，传统国际贸易统计方式的确不适应全球价值链背景下国际贸易的发展状况，以增加值贸易方式来衡量国际贸易状况更适应目前国际贸易发展状况，因此，本章将用增加值贸易数据替代传统贸易统计数据来衡量贸易状况，并分析其对我国与其他国家经济协动性的影响。

3.3　中国与主要贸易国间经济周期协动性影响因素分析

通常来说，经济协动性的传导机制有三种，分别是：国际贸易、国际直接投资以及国际金融。这三种传导机制之间并不是相互孤立的，事实上，任何经济波动的传递都是这几种机制的共同作用，并且这几种机制的互相影响往往表现出一种乘数效应，放大经济波动对本国和其他国家的影响，使得国家间的经济协动性表现得更加明显。

一国对外开放程度、经济规模、商品的可替代性等因素都会影响国际贸易传导机制的发挥，因此，国际贸易对经济协动性的传导效应是十分复杂的，很难准确测度。研究发现，贸易模式（产业内贸易/产业间贸易）也会对国际贸易传递机制的发挥产生显著影响，所以，在考虑国际贸易传递机制的同时也应该注重对贸易模式的分析，以便获得更加准确的结果。

具体来说，以欧盟、美国对俄罗斯的经济制裁为例，由于制裁的实行，一方面，俄罗斯减少原本从欧盟各国大量进口的肉制品、奶制品、水果等农产品，改为从中国进口，使得中国对俄罗斯出口增加。另一方面，俄罗斯的反制措施，包括不从欧盟国家进口农产品、纺织品、食品等，使得欧盟经济遭受巨大损失，农产品、食品价格下跌，农民、工人收入下降，从而减少了对中国部分产品的需求，减少了中国的出口。虽然总体来看，欧盟、美国与俄罗斯的博弈有利于中国产品的出口，但是，对于某些具体部门，则可能产生消极影响。

2008 年金融危机始于美国，而重灾区集中在与美国一样金融业发达的发达国家，这就是产业结构传递机制的一种表现。发达国家之间或者发展中国家之间产业结构的相同通常使得这些国家拥有相同的经济隐患，这使得这些国家在面临共同的外生因素冲击时表现出类似的经济状况，从而显示出一种经济协动性。产业结构不同的国家，通常按照比较优势理论参与全球分工，负责全球价值链生产中的部分环节，这使得产业链中任何一个环节的微小经济变动都可能迅速传导到参与全球价值链的任何一个国家，而不同产品在全球价值链的互相影响，使得这种微小的经济变动常常引起许多国家宏观经济状况的变化，从而表现出国家间的经济协动。日本海啸后全球许多生产链条陷入停滞，就是这种传导机制的一个例证。

虽然国际金融传导机制难以阻止，但是，由于国际金融传导机制往往是一种短期波动，因此，除非是诸如 2008 年次贷危机那样的严重的金融危机，否则在长期经济周期波动的研究中，通常并不将其纳入考察范围。

第二次世界大战以来，由于科学技术的进步以及跨国公司的发展，世界各国经济合作、联系不断加深，这种经济联系的加强除了反映在各国经济互相促进以外，更反映在石油危机、1987 年黑色星期一等诸多经济危机中。此时，由于市场经济与计划经济之间联系较少，因此，经济危机主要局限在西方发达国家之间，美国、英国等国经济增长缓慢甚至停滞，失业率高企。20 世纪 90 年代以来，随着诸多国家放弃计划经济体制，转向市场经济，经济全球化趋势得到进一步加强，东南亚金融危机以及 2008 年金融危机的波及范围都有了进一步地扩大。如图 3.2 所示，虽然我国 GDP 增速波动不如其他国家那样频繁，但是，从长期来看，仍与其他国家一样，大致分为 3 个阶段，分别是 1995～1998 年、1998～2008 年和 2009～2013 年。因此，我国经济发展应该与其他国家存在着某种程度上的协动性。

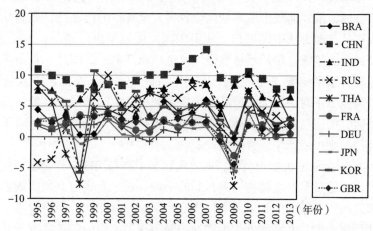

图 3.2 中国与主要国家 GDP 增长率波动
数据来源：联合国 WDI 数据库的 GDP 数据。

经济协动性的度量方法有很多，比较常见的有皮尔森（Pearson）相关系数法和克里克里亚和马丁斯（Crequeria and Martins，2009）提出的同步化指数方法。Pearson 相关系数法采用的是国家间 GDP 的相关系数来衡量两国经济的协动性，在剔除 GDP 变动趋势之后通过以下公式来计算两国的经济协动性：

$$\text{Corr}(v_i, v_j) = \frac{\text{Cov}(v_i, v_j)}{\sqrt{\text{var}(v_i)\,\text{var}(v_j)}} \tag{3.1}$$

根据联合国 WDI 数据库的 GDP 数据，我们计算了中国与其他国家的皮尔森相关系数，由于篇幅问题，仅从 35 个国家中挑选出比较有代表性的巴西、德国、法国、英国、日本、韩国、俄罗斯、美国、南非、印度 10 个国家，计算我国与这 10 国 2005～2013 年的皮尔森相关系数，得到表 3.4，皮尔森相关系数越高，则两国间的经济协动性就越强。

这种方法的优点是简单明了、易于理解，缺点是该方法计算的是整个周期或者若干个小周期的相关性，如果本书利用该方法来测度国家间的经济协动性，那么 1995～2013 年 19 年的样本数据通常会被划分为 4～5 个周期来计算皮尔森相关系数，相当于仅剩下 4～5 期数据。从某种程度上来说，这种计算方法是一种静态的衡量方法，使得该相关系数忽略了许多有用的数据信息，可能会影响结果的可靠性。2005～2013 年中国与巴西等十国 Pearson 相关系数见表 3.4。

表 3.4　　　　　2005～2013 年中国与巴西等十国皮尔森相关系数

国家	中国	巴西	德国	法国	英国	日本	韩国	俄罗斯	美国	南非	印度
中国	1										
巴西	0.494	1									
德国	0.433	0.826	1								
法国	0.548	0.749	0.958	1							
英国	0.372	0.572	0.828	0.919	1						
日本	0.212	0.696	0.799	0.808	0.900	1					
韩国	0.667	0.883	0.867	0.874	0.741	0.791	1				
俄罗斯	0.576	0.708	0.878	0.915	0.862	0.730	0.761	1			
美国	0.282	0.492	0.770	0.856	0.968	0.907	0.702	0.797	1		
南非	0.669	0.618	0.806	0.908	0.873	0.678	0.750	0.965	0.803	1	
印度	0.575	0.204	0.145	0.277	0.244	0.277	0.551	0.064	0.301	0.214	1

数据来源：笔者根据联合国 WDI 数据库的 GDP 数据计算所得。

由于皮尔森相关系数法是一种静态的描述，丢失了许多动态信息，因此，克里克里亚和马丁斯（Cerqueira and Martins，2009）构建了同步化指数来衡量国家间的经济协动性，该方法能够计算每一个时点上两国间的经济协动性，因此，最大限度地保留了数据所反映的信息。该计算方法为：

$$\text{Corr}_{ij,t} = 1 - \frac{1}{2}\left[\frac{(d_{i,t} - \bar{d}_i)}{\sqrt{\frac{1}{T}\sum_{t=1}^{T}(d_{i,t} - \bar{d}_j)^2}} - \frac{(d_{j,t} - \bar{d}_j)}{\sqrt{\frac{1}{T}\sum_{t=1}^{T}(d_{j,t} - \bar{d}_j)^2}}\right]^2$$

(3.2)

其中，$\text{Corr}_{ij,t}$ 表示 i、j 两国在 t 时期的协动性；$d_{i,t}$、$d_{j,t}$ 表示 i、j 两国在 t 时期的 GDP 增长率；$\bar{d}_i$、$\bar{d}_j$ 表示 i、j 两国在总的样本期间的 GDP 增

长率的均值。$Corr_{ij,t}$取值范围为（$-\infty$，1），该值越高，两国间经济协动性程度越高。

根据联合国 WDI 数据库，计算得到了中国与其他国家经济协动性指数。首先，在不考虑极端值的情况下（即 1998～2001 年、2007～2010 年），我国与其他国家的同步化指数程度极高，普遍在 0.7 以上，即我们可以认为我国与其他国家存在着极强的经济协动性。其次，我们可以发现，同步化指数出现极端值的年份通常都在经济危机之后，1998～2001 年的极端值对应着 1997 年东南亚的金融危机，而 2007～2010 年的极端值对应着 2008 年的次贷危机，因此，我们可以得出一个结论，即发生经济危机会显著降低同步化指数，这可能是由于经济危机期间不仅国际贸易、国际直接投资减少，而且各国会通过有贸易保护主义倾向的政策来减少其他国家经济冲击对本国的影响。最后，由于经济危机会显著影响同步化指数的数值，因此，我们在进行描述性分析时可能需要避开这些年份。

传统国际贸易统计方式虽然会夸大实际贸易状况，但是，在国际贸易总体趋势下与增加值贸易统计方式大致相同。从图 3.3 我们可以看出，增加值贸易变化趋势与国际贸易趋势大体一致，也反映出 2008 年经济危机的回落，至于增加值贸易并没有反映出东南亚金融危机的情况，一个可能的解释是当时经济开放程度较低、且东南亚各国并非中国的主要贸易伙伴，因此，并没有严重影响当年中国的国际贸易状况。

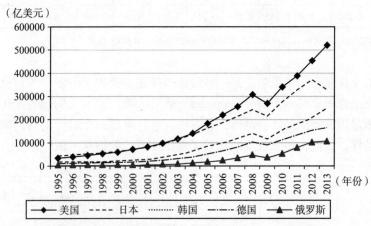

图 3.3 1995～2013 年中国与美国等五国增加值贸易趋势

数据来源：国际货币基金组织 IMF 的贸易数据库 DOTS。

由于各国经济体量差异巨大，贸易的绝对水平与经济协动性的联系并不紧密，同等规模的贸易额，对于一个大国来说，可能反映该国经济开放程度较低；而对于一个小国来说，可能反映该国经济开放程度极高，为此，本章借鉴弗兰克和路斯（1998）年"双边贸易强度"的概念来衡量国家间贸易水平，其计算方法有两种，分别是：

$$TI_{ij,t} = \frac{X_{ij,t} + M_{ij,t}}{T_{i,t} + T_{j,t}} \tag{3.3}$$

$$TI_{ij,t} = \frac{X_{ij,t} + M_{ij,t}}{GDP_{i,t} + GDP_{j,t}} \tag{3.4}$$

$TI_{ij,t}$ 为 i、j 两国 t 时期的双边贸易强度；$X_{ij,t}$、$M_{ij,t}$ 分别为 t 时期 i 国对 j 国的出口和 i 国从 j 国的进口；$T_{i,t}$、$T_{j,t}$ 分别为两国 t 时期贸易总额；$GDP_{i,t}$、$GDP_{j,t}$ 分别为两国 t 时期的 GDP 总额。考虑到本书进出口数据使用的是增加值贸易数据，而各国某一时期增加值贸易总额无法获得，因此，本书采用第二种计算方法来计算双边贸易强度。表 3.5 显示了 2013 年我国与世界经济总量排名前 35 的经济体之间的双边贸易强度（以增加值贸易衡量计算）。

表 3.5　　　2013 年中国与 35 国双边贸易强度（以增加值贸易计算）

国家	TI	国家	TI	国家	TI
阿根廷	0.001666	法国	0.006511	荷兰	0.001502
澳大利亚	0.012874	英国	0.007278	挪威	0.001276
奥地利	0.001276	希腊	0.000449	波兰	0.001899
白俄罗斯	0.001269	印度尼西亚	0.005784	葡萄牙	0.000354
巴西	0.006822	印度	0.008958	俄罗斯	0.009017
加拿大	0.006173	爱尔兰	0.000873	沙特阿拉伯	0.006722
瑞士	0.003079	以色列	0.001288	瑞典	0.001629
哥伦比亚	0.001167	意大利	0.005562	泰国	0.005278
德国	0.012388	日本	0.02226	土耳其	0.002357
丹麦	0.000949	韩国	0.022354	美国	0.019805
西班牙	0.00365	墨西哥	0.004227	南非	0.003145
芬兰	0.001009	马来西亚	0.006618		

数据来源：国际货币基金组织 IMF 的贸易数据库 DOTS 及 GDP 数据计算可得。

从表3.5可以看出，韩国、日本、美国、澳大利亚、德国五国与我国的双边贸易强度最强，这与以传统方式计算的我国主要贸易伙伴国情况大致相同，这表明，传统贸易统计方式虽然会夸大贸易状况，但是，通常来说能够粗略地描绘出贸易的总体状况。表3.5反映的是一种静态的双边贸易强度，无法反映出我国与其他国家双边贸易强度的变化情况，因此，本章选取了与中国贸易联系紧密的美国、日本、韩国、德国、俄罗斯五国，计算了中国与这五个国家间1995~2013年双边贸易强度并制作了图3.4。

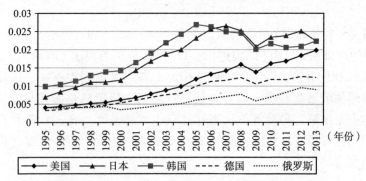

图3.4 1995~2013年中国与美、日、韩、德、俄五国双边贸易强度趋势

数据来源：国际货币基金组织IMF的贸易数据库DOTS及GDP数据计算可得。

图3.4体现出我国与这五个国家双边贸易强度的四个特点：（1）虽然双边贸易强度存在波动情况，但是，我国与这五个国家的双边贸易强度总体呈增长趋势。（2）2001年之后，我国与这五国的双边贸易强度增速显著提高，反映了我国加入WTO后对外贸易迅速发展的特点。（3）双边贸易强度的波动和我国与这五国经济协动性波动周期大致相同（2008~2011年），我们可以推断双边贸易强度与经济协动性存在着某种程度上的关系。经济协动性在东南亚金融危机的波动并未体现在图中，可能的原因是这五国在东南亚金融危机期间受到的影响较小，且当时我国对外开放程度较低，因此，受到的影响较小。（4）我国与韩国、日本的双边贸易强度显著高于美国、德国、俄罗斯三国，可能的原因是韩国、日本经济开放程度更高，且与中国距离较近，因此，与中国经济联系更加频繁。

国际直接投资相对于国际贸易来说，发展的时间较短，国际直接投资额通常也较小，但是，由于国际直接投资通常是并购或者收购东道国企业，所以，国际直接投资对经济协动性的影响也不可小觑，由于国际直接投资所涉及的时间跨度较长，因此，从理论层面来说，本章认为，国际直接投资对经济协动性的影响可能存在时滞效应，此外有部分学者认为，国际直接投资在某种程度上减少了国际贸易，因此，国际直接投资将会降低国际间的经济协动性。本节将首先介绍我国国际直接投资的基本状况，然后对国际直接投资进行度量和分析。

与双边贸易强度的度量方法类似，我们构建了双面直接投资强度指标，该指标计算方法参照弗兰克和路斯（1998）的论文，具体公式如下：

$$\text{FDII}_{ij,t} = \frac{\text{FDI\_in}_{ij,t} + \text{FDI\_out}_{ij,t}}{\text{FDI}_{i,t} + \text{FDI}_{j,t}} \tag{3.5}$$

$\text{FDII}_{ij,t}$ 为 t 时期 i、j 两国双边国际直接投资强度；$\text{FDI\_in}_{ij,t}$、$\text{FDI\_out}_{ij,t}$ 分别代表 t 时期 i 国接受的 j 国投资及 i 国向 t 国的投资；$\text{FDI}_{i,t}$、$\text{FDI}_{j,t}$ 分别代表 t 时期 i 国和 j 国的接受和对外直接投资总额。考虑到我国对外直接投资数据的不完整及前文双边贸易强度的调整，本书将双边国际直接投资强度计算公式调整为：

$$\text{FDII}_{ij,t} = \frac{\text{FDI\_in}_{ij,t}}{\text{FDI\_inward}_{i,t} + \text{FDI\_inward}_{j,t}} \tag{3.6}$$

$\text{FDII}_{ij,t}$ 为 t 时期 i、j 两国双边国际直接投资强度；$\text{FDI\_in}_{ij,t}$ 代表 t 时期 i 国接受的 j 国投资；$\text{FDI\_inward}_{i,t}$、$\text{FDI\_inward}_{j,t}$ 分别为 t 时期 i 国和 j 国外商直接投资流入总量。根据我国国家统计局的数据以及联合国贸易和发展会议（UNCTAD）的国民核算估计的主要合计数据库（national accounts estimates of main aggregates database），本章计算得到我国与其他 35 国双边国际直接投资强度。表 3.6 列出了 2013 年我国与这 35 国的双边直接投资强度。从表 3.6 中我们可以看出，总体来说，双边直接投资强度要低于双边贸易强度，这符合国际贸易与国家经济联系更为紧密的实际情况。

表 3.6 2013 年中国与 35 国双边直接投资强度

国家	FDI 强度	国家	FDI 强度	国家	FDI 强度
阿根廷	3.89E−06	法国	0.004508	荷兰	0.007273
澳大利亚	0.001823	英国	0.002285	挪威	0.000218
奥地利	0.001183	希腊	1.25E−05	波兰	1.22E−05
白俄罗斯	1.38E−06	印尼	0.000884	葡萄牙	7.49E−05
巴西	0.00013	印度	0.000178	俄罗斯	0.000125

国家	FDI 强度	国家	FDI 强度	国家	FDI 强度
加拿大	0.00274	爱尔兰	0.000256	沙特阿拉伯	0.000441
瑞士	0.002526	以色列	0.0001	瑞典	0.001619
哥伦比亚	2.71E－06	意大利	0.002138	泰国	0.003437
德国	0.01533	日本	0.055922	土耳其	0.000294
丹麦	0.002958	韩国	0.022346	美国	0.008407
西班牙	0.001989	墨西哥	9.31E－05	南非	9.77E－05
芬兰	0.000724	马来西亚	0.002062		

数据来源：根据中国国家统计局数据以及联合国贸易和发展会议的国民核算估计的主要合计数据库计算可得。

表 3.6 展示了 2013 年 35 国的静态情况，为了展示我国与其他国家双边直接投资强度的动态变化趋势，本章计算了与我国联系较为紧密的美国、日本、韩国、德国、俄罗斯五国 1997～2013 年双边直接投资强度（1995 年和 1996 年数据缺失），为了更明显地表现出双边直接投资强度的变化趋势，绘制了图 3.5。

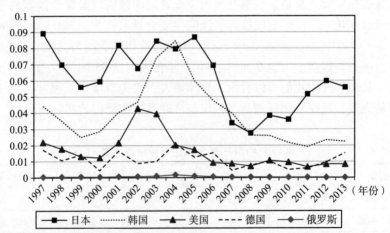

图 3.5　1997～2013 年中国与美、日、韩、德、俄双边直接投资强度趋势

数据来源：根据中国国家统计局数据以及联合国贸易和发展会议的国民核算估计的主要合计数据库计算可得。

首先，从总体趋势及近年趋势来看，中国与这五个国家的双边直接投资强度有微小的下降趋势，结合这几年国际直接投资现状来看，可能的原因有三个，第一个原因是从这些国家对我国的投资来看，由于我国国内劳动力成本的上升以及国内去产能政策的执行，因此，许多劳动力密集型、符合去产能标准的外商投资已经开始向东南亚国家如越南等国转移，减少了这些国家进入我国的外资流量。第二个原因是我国外商直接投资来源逐渐多样化，1997年，日本、韩国、美国对我国的直接投资分别为432647万美元、214328万美元和323915万美元，占当年我国外商投资的21.45%；而2013年，日、韩、美对我国直接投资分别为705817万美元、305421万美元、281978万美元，仅占2013年我国外商投资额的11%，下降了10.45%[1]。相对于1997年，目前，我国外商直接投资来源国更加多样，许多起初对我国投资环境存疑的国家也开始逐渐向我国进行投资，优化了我国的外商直接投资结构，减少了对日、韩、美等主要来源国的依赖，双边直接投资强度自然开始下降。第三个原因是越来越多的外资开始通过国际避税地来间接对我国投资，因此，可能降低了中国与这些国家的直接投资强度[2]。

其次，外商直接投资强度的波动大致反映出了东南亚金融危机和2008年金融危机对国际直接投资强度的影响，也大致与经济协动性的波动周期相符合，所以，我们猜测国际直接投资与经济协动性存在着某种联系。

产业结构对经济协动性的影响十分复杂，相关研究结论不一，但近年来，多数研究认为，产业结构对经济协动性有显著影响。本章认为，产业结构有利于增强国家间的经济协动性。第一，对于发展水平相近的国家来说可能拥有着相似的产业结构，在面临某一共同的外生变量冲击时，这些国家的经济会发生相似的变动，表现为这些国家之间的经济协动性。第二，对于经济发展程度差异较大的国家来说，比如，发达国家和发展中国家，由于要素禀赋的不同，这些国家产业结构相差较大，根据比较优势理论，通常负责全球价值链中的不同环节，因此，当经济波动影响其中一个国家时，会通过全球价值链传导到其他国家，从而表现为这些国家之间的经济协动关系。综上所述，本章认为，产业结构与经济协动性之间存在着联系，本节将首先介绍我国目前的产业结构现状并与其他国家进行横向对比，然后计算我国与其他国家的产业结构指数，并对其进行横向和纵向地

分析。

从表3.7我们可以发现两个特点：第一，从中国与其他国家的对比来，我国产业结构上存在着"两高一低"的特点，"两高"即 ISIC A – B 农林牧渔业和 ISIC C – E 采掘业、制造业和公用事业类的比重较高，反映出我国产业结构与发达国家和新兴市场国家相比较为低端的特点；"一低"即交通、仓储和通信业比重较低，显著低于发达国家和表3.7中的发展中国家，其中，尤其是仓储业急需发展。第二，从发展中国家和发达国家的角度来看，我们可以发现，发达国家农林牧渔业在国民经济中的比重普遍低于发展中国家，且归于其他类（金融、保险、房地产业等）的比重较高，反映出发达国家产业结构已经向服务型经济转变的特点。

表3.7　　　　　　2013年中国与其他国家具体产业结构相似度　　　单位：%

国家	ISIC A – B	ISIC C – E	ISIC D	ISIC F	ISIC G – H	ISIC I	ISIC J – P
中国	9.6	37.4	30.1	6.9	11.2	4.4	30.7
巴西	5.3	18.5	12.3	6.4	15.9	8.0	45.9
印度	18.3	21.8	16.5	9.0	11.5	6.7	32.7
墨西哥	3.5	30.2	17.5	7.5	18.2	8.8	31.7
俄罗斯	3.8	25.9	13.4	7.0	17.3	8.0	38.0
南非	2.3	25.7	13.0	4.1	14.9	10.1	42.9
德国	0.9	25.7	22.5	4.5	10.8	9.5	48.6
英国	0.7	14.5	10.3	5.9	13.6	10.6	54.6
日本	1.2	20.4	18.6	6.0	14.4	10.4	47.6
韩国	2.3	33.5	31.0	4.9	11.5	7.5	40.3
美国	1.3	16.7	12.2	3.7	14.6	9.3	54.3

注：数据来自联合国贸易和发展会议（UNCTAD）的国民核算估计的主要合计数据库（national accounts estimates of main aggregates database），该数据库将一经济活动划分为7大类，分别为：ISIC A – B 农林牧渔业、ISIC C – E 采掘业、制造业和公用事业、ISIC D 制造业、ISIC F 建筑业、ISIC G – H 批发、零售、餐饮和酒店业、ISIC I 交通、仓储和通信业、ISIC J – P 其他。

根据英布斯（2004）提出的产业结构差异指数来计算产业结构相似度，其具体计算方法为：

$$IS_{ij,t} = \sum_{k=1}^{n} \left| S_{it}^{k} - S_{jt}^{k} \right| \tag{3.7}$$

$IS_{ij,t}$ 为 t 时期 i 国和 j 国的产业相似指数；S_{it}^k 和 S_{jt}^k 是 t 时期 k 产业在国家 i、j 中 GDP 的比重。IS 指数越大，两国之间产业结构差异越大；反之，则产业结构差异越小。本章根据联合国贸易和发展会议（UNCTAD）国民核算估计的主要合计数据库的分类，将一国产业分为七大类，计算得到中国与其他 35 个国家的产业结构相似度指数。表 3.8 为 2013 年我国与其他 35 个国家的产业结构相似度。

表 3.8　　　　　2013 年中国与世界主要国家之间的产业结构相似度

国家	IS	国家	IS	国家	IS
阿根廷	48.4	法国	83.5	荷兰	79.8
澳大利亚	75.0	英国	85.0	挪威	53.5
奥地利	59.1	希腊	87.9	波兰	49.9
白俄罗斯	77.8	印度尼西亚	40.1	葡萄牙	76.9
巴西	65.0	印度	44.6	俄罗斯	51.1
加拿大	69.6	爱尔兰	58.8	沙特阿拉伯	57.4
瑞士	65.3	以色列	78.0	瑞典	65.9
哥伦比亚	43.7	意大利	70.2	泰国	24.1
德国	53.8	日本	63.9	土耳其	50.5
丹麦	74.8	韩国	27.1	美国	82.0
西班牙	72.2	墨西哥	38.9	南非	60.5
芬兰	60.7	马来西亚	27.7		

数据来源：根据联合国贸易和发展会议（UNCTAD）国民核算估计的主要合计数据库（national accounts estimates of main aggregates database）计算可得。

从表 3.8 可以看出，我国与希腊、英国、法国、美国的产业结构相似指数最高，即我国与这 5 个国家的产业结构差异最大。我国与泰国、韩国、马来西亚、印度尼西亚和印度的产业相似度指数最低，即我国与这五个国家的产业结构最为相似。这个结果与预期大致相同，总体上，我国与发展中国家的产业结构较为相似，而与发达国家的产业结构差异较大。

表 3.8 展示的是 2013 年静态的产业结构状况，为了对我国与其他国家产业结构状况有更加全面地了解，本书除了选取前文通用的美国、日本、韩国、德国、俄罗斯作为代表外，再加上与中国产业结构较为相似的

泰国、马来西亚两国，计算得到 1995～2013 年我国与这七国产业结构的相似度指数，即图 3.6。

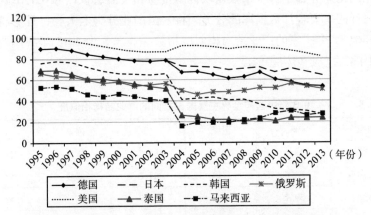

图 3.6 1995～2013 年中国与德国等 7 国产业结构相似度变化趋势

数据来源：根据联合国贸易和发展会议（UNCTAD）国民核算估计的主要合计数据库（national accounts estimates of main aggregates database）计算可得。

通过图 3.6 我们可以看出：（1）1995～2013 年，中国与这七个国家的产业结构相似度指数不断下降，即中国与这七个国家的产业结构不断接近，不仅反映出中国与其他国家的产业结构逐渐趋同，也从某种程度上反映出世界各国产业结构逐渐趋同。（2）产业结构相似度的趋势变化与经济协动性同步化指数的变动并没有表现出明显的共变特征，但本章认为，这并不能说明产业结构与经济协动性不存在关系。（3）观察中国与这七国产业结构相似度指数的变化趋势，发现在 2003～2004 年指数变动较为剧烈，这种变动在数个国家上都有体现，因此，可能的原因是中国产业政策调整导致的。2001 年的"十五"计划纲要中提到："坚持把结构调整作为主线""积极主动、全方位地对经济结构进行战略性调整"，产业政策调整的时滞使得产业结构相似度在 2003 年才开始变化。

根据比较优势理论的观点，各国根据比较优势的不同生产不同的产品，在此基础上进行产业间的贸易。然而，自 20 世纪 60 年代以来，有研究发现，世界贸易绝大部分是在要素禀赋相似的工业化国家之间进行的产业内贸易，而不是农业国和工业国之间的初级产品和工业品之间的贸易。因此，各国学者逐渐加大了对产业内贸易的研究，英布斯（2004）和因卡拉等（Inklaar et al.，2008）的研究表明，产业内贸易与经济协动性密切相关，而巴克斯特和寇帕瑞特瑟斯（Baxter and Kouparitsas，2005）则认为，缺乏显著的证据表明二者存在显著关系。鉴于 20 世纪 90 年代以来，我国与其他国家产业内贸易水平不断提高，以及有学者认为产业内贸易与经济协动性相关，因此，本节首先将介绍产业内贸易指数的计算方法，然后，对产业内贸易进行分析。

　　本章利用调整后的格鲁贝尔和劳埃德（Grubel and Lloyd，G&L）指数来衡量两国之间的产业内贸易水平，产业内贸易水平有两个层次，首先，是两国之间某个具体产业的产业内贸易水平；其次，是两国之间所有产业加权后的总体产业内贸易水平，计算公式分别为：

$$IIT_t^{ij,h} = 1 - \frac{|X_t^{ij,h} - M_t^{ij,h}|}{X_t^{ij,h} + M_t^{ij,h}} \tag{3.8}$$

$$G\&L_{ij,t} = \sum_{h=1}^{n} IIT_t^{ij,h} \frac{|X_t^{ij,h} + M_t^{ij,h}|}{\sum_{h=1}^{n}(X_t^{ij,h} + M_t^{ij,h})} \tag{3.9}$$

$IIT_t^{ij,h}$ 表示 t 时期 i、j 两国 h 产业的产业内贸易指数；$X_t^{ij,h}$、$M_t^{ij,h}$ 分别表示 t 时期 i 国 h 产业向 j 国的出口和从 j 国的进口。在计算出每个产业的产业内贸易指数的基础上进行加权平均，则得到两国之间的 G&L 指数。通常认为，G&L 指数大于 0.5 时产业内贸易时两国间的主要贸易形势，G&L 指数越高，产业内贸易水平越高。

　　对产业内贸易的分析主要分为三个方面：第一，产业层面产业内贸易水平分析；第二，国家间产业内贸易水平分析；第三，我国产业内贸易水平变化趋势分析。计算 G&L 指数的数据来自联合国贸易和发展会议 UNCTAD 数据库，产业分类 SITC 门类分成 10 个大类，分别是：［0］食品及主要供食用的活动物；［1］饮料及烟草；［2］非食用原料；［3］矿物燃料、润滑油及有关原料；［4］动植物油脂及蜡；［5］化学品及有关产品；［6］工业制成品；［7］机械及运输设备；［8］杂项制品；［9］没有分类的其他商品。

　　由于篇幅限制，产业层面产业内贸易水平分析仅从 35 国中挑选出美国、日本、韩国、德国、俄罗斯的 2013 年数据进行分析。

　　表 3.9 中 GL_0 表示 SITC 分类中第 0 门类的产业内贸易水平，从表中我们可以看出，从 6 国的总体来看，只有第 6 类 G&L 指数超过 0.5，即总体来讲，只有工业制成品这一大类的国际贸易以产业内贸易为主，这也符合国际上产业内贸易的现状（产业内贸易主要集中在工业制成品贸易）。

分国别来看，中国与德国、日本、韩国、美国各有 5 个产业的 G&L 指数超过 0.5，即这几个国家与我国产业内贸易水平相对较高。分产业来看，第 6、7 大类即工业制成品、机械及运输设备两个大类有 4 个国家产业内贸易水平超过 0.5，即第 6、7 大类产业内贸易水平在各产业中相对较高。从对表 3.10 的分析中我们可以发现，各国各个产业的 G&L 指数相差较大，无法得出一个一致的结论，因此，需要对总体的 G&L 指数进行分析。

表 3.9　　　　2013 年中国与德、印等 6 国产业层面 G&L 指数

国家	GL_0	GL_1	GL_2	GL_3	GL_4	GL_5	GL_6	GL_7	GL_8	GL_9
德国	0.741	0.172	0.484	0.601	0.293	0.471	0.923	0.652	0.557	0.103
印度	0.800	0.135	0.176	0.414	0.017	0.357	0.837	0.095	0.170	0.000
日本	0.059	0.425	0.509	0.991	0.238	0.486	0.885	0.863	0.616	0.014
韩国	0.271	0.764	0.916	0.324	0.213	0.377	0.935	0.637	0.678	0.279
俄罗斯	0.014	0.891	0.706	0.015	0.455	0.058	0.016	0.080	0.019	0.073
美国	0.860	0.324	0.103	0.630	0.797	0.852	0.277	0.518	0.190	0.004
均值	0.458	0.452	0.482	0.496	0.335	0.433	0.646	0.474	0.372	0.079

数据来源：联合国贸易和发展会议 UNCTAD 数据库，产业分类 SITC 门类分成 10 个大类，分别是：[0] 食品及主要供食用的活动物；[1] 饮料及烟草；[2] 非食用原料；[3] 矿物燃料、润滑油及有关原料；[4] 动植物油脂及蜡；[5] 化学品及有关产品；[6] 工业制成品；[7] 机械及运输设备；[8] 杂项制品；[9] 没有分类的其他商品。

表 3.10　　　　　2013 年中国与 35 个国家 G&L 指数表

国家	G&L 指数	国家	G&L 指数	国家	G&L 指数
阿根廷	0.064	法国	0.645	荷兰	0.198
澳大利亚	0.091	英国	0.483	挪威	0.586
奥地利	0.530	希腊	0.061	波兰	0.288
白俄罗斯	0.674	印度尼西亚	0.303	葡萄牙	0.556
巴西	0.105	印度	0.354	俄罗斯	0.049
加拿大	0.268	爱尔兰	0.661	沙特阿拉伯	0.027
瑞士	0.551	以色列	0.586	瑞典	0.649
哥伦比亚	0.089	意大利	0.759	泰国	0.716
德国	0.642	日本	0.739	土耳其	0.163

国家	G&L 指数	国家	G&L 指数	国家	G&L 指数
丹麦	0.416	韩国	0.627	美国	0.415
西班牙	0.374	墨西哥	0.324	南非	0.274
芬兰	0.511	马来西亚	0.474		

数据来源：联合国贸易和发展会议 UNCTAD 数据库，产业分类 SITC 门类分成 10 个大类，分别是：[0] 食品及主要供食用的活动物；[1] 饮料及烟草；[2] 非食用原料；[3] 矿物燃料、润滑油及有关原料；[4] 动植物油脂及蜡；[5] 化学品及有关产品；[6] 工业制成品；[7] 机械及运输设备；[8] 杂项制品；[9] 没有分类的其他商品。

对总体 G&L 指数的分析主要分为两个方面，分别是静态分析和动态分析，表 3.10 展示了 2013 年我国与美国、日本等 35 国的 G&L 指数。由于数据不全，因此，在计算 G&L 指数时略去了第 4、第 9 大类。从表中我们可以看出，白俄罗斯、德国、芬兰、法国、爱尔兰、以色列、意大利、日本、韩国、挪威、葡萄牙、瑞典、泰国这 13 个国家与中国之间的贸易以产业内贸易为主，因此，产业内贸易水平的高低与国家发展程度并无必然联系，至于与经济协动性之间是否存在联系，则需要通过实证分析之后再进行讨论。

虽然表 3.10 的分析表明，我国与大部分国家之间并不是以产业内贸易

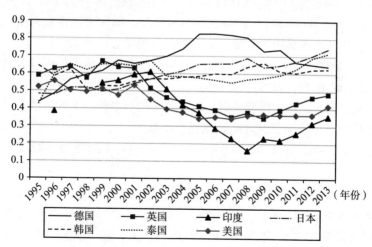

图 3.7 1995～2013 年我国与德国等 7 国 G&L 指数变化趋势

数据来源：联合国贸易和发展会议 UNCTAD 数据库，产业分类 SITC 门类分成 10 个大类，分别是：[0] 食品及主要供食用的活动物；[1] 饮料及烟草；[2] 非食用原料；[3] 矿物燃料、润滑油及有关原料；[4] 动植物油脂及蜡；[5] 化学品及有关产品；[6] 工业制成品；[7] 机械及运输设备；[8] 杂项制品；[9] 没有分类的其他商品。

为主，但是，有研究表明我国自 20 世纪 90 年代以来产业内贸易水平不断提高，为此，本书计算了美国、日本、韩国、德国、英国、印度和泰国这七国的 G&L 指数，并制作了图 3.7。从图 3.7 我们可以看出，我国与其他国家的产业内贸易水平并不全是在不断提高，在制作图表的七国中，我国与美国、英国、印度的产业内贸易水平在不断下降，由 1999 年的 0.5 以上降低到 2008 年的不足 0.4，即由产业内贸易为主变为以产业间贸易为主，所以，我国与其他国家产业内贸易水平的发展趋势并不能一概而论。另外，从图 3.7 中对比前文经济协动性的趋势图，我们并不能推断 G&L 指数与经济协动性是否存在联系，需要通过后文的实证分析来进行进一步的确定。

3.4 经济协动性影响因素的实证分析

在模型的构建上，我们参照弗兰克和路斯（1998）以及杜瓦尔和李（Duval and Li，2015）的研究，初步将模型设定为：

$$Corr_{ijt} = \alpha_0 + \alpha_1 TI_{ijt} + \alpha_2 FDII_{ijt} + \alpha_3 G\&L_{ijt} + \alpha_4 IS_{ijt} + u_{ijt} \qquad (3.10)$$

其中，$Corr_{ijt}$ 为 t 时期 i 国和 j 国的经济协动性；而 TI_{ijt}、$FDII_{ijt}$、$G\&L_{ijt}$、IS_{ijt} 分别为 t 时期 i 国和 j 国的增加值贸易强度、国际直接投资强度、产业内贸易指数和产业结构相似度；u_{ijt} 为随机误差项。

杜瓦尔和李的研究表明，增加值贸易和产业内贸易不仅可以各自对经济协动性产生影响，而且二者的相互作用还会放大增加值贸易对经济协动性的影响，为此，本章借鉴他们的做法，在模型中添加了增加值贸易和产业内贸易的交叉项 $TI_{ijt} \times G\&L_{ijt}$，则模型调整为：

$$Corr_{ijt} = \alpha_0 + \alpha_1 TI_{ijt} + \alpha_2 FDII_{ijt} + \alpha_3 G\&L_{ijt} + \alpha_4 IS_{ijt} + \alpha_5 TI_{ijt} \times G\&L_{ijt} + u_{ijt}$$
$$(3.11)$$

各个变量的具体情况如表 3.11 所示。

在样本国家的选择上，本章参照了程惠芳和岑丽君（2010）的研究，根据 WDI 数据库 2013 年各国的 GDP 进行排名，从中挑选了数据齐全的 GDP 排名位居世界前 35 的国家作为样本（伊朗、委内瑞拉 GDP 位居前 35 名，但由于数据的缺失，因此，样本选取了除这两国外的前 35 国），我国与这 35 国的贸易量占到了我国贸易总量的 90% 以上，我国外商直接投资的 80% 以上也来自这些国家，因此，样本比较能够反映我国的国际经济活动情况。这 35 国分别为：阿根廷、澳大利亚、奥地利、白俄罗斯、巴西、加拿大、瑞士、哥伦比亚、德国、丹麦、西班牙、芬兰、法国、英国、希腊、印度尼西亚、印度、爱尔兰、以色列、意大利、日本、韩国、墨西哥、马来西亚、荷兰、挪威、波兰、葡萄牙、俄罗斯、沙特阿拉伯、瑞典、泰国、土耳其、美国和南非。

表 3.11　　　　　　　　　　　　变量基本情况

变量	预期符号	数据来源
$Corr_{ijt}$		GDP 增长率基础数据来自 WDI 数据库，根据同步化指数计算获得
TI_{ijt}	+	增加值数据来自 Romain Duval，GDP 数据来自联合国 WDI 数据库
$FDII_{ijt}$	+	外商直接投资数据来自国家统计局，FDI 国别投资数据来自 UNCTAD National Accounts Estimates of Main Aggregates Database 数据库
$G\&L_{ijt}$	+	$G\&L_{ijt}$ 和 IS_{ijt} 基础数据来自 UNCTAD National Accounts Estimates of Main Aggregates Database 数据库，经计算获得
IS_{ijt}	−	
$TI_{ijt} \times G\&L_{ijt}$	未知	由 $TI_{ijt} \times G\&L_{ijt}$ 计算获得

数据来源：笔者根据数据及模型特征整理而得。

各变量描述性统计如表 3.12 所示。

表 3.12　　　　　　　　　　　　各变量描述性统计

变量	均值	标准差	最小值	最大值
Corr	0.295537	0.957118	− 4.46346	1
TI	0.004007	0.00483	0.00011	0.026884
FDII	0.005438	0.013174	7.21E − 08	0.089239
IS	68.66135	17.40026	16.1	99.3
G&L	0.434992	0.19826	0.02151	0.854313
TI × GL	2.11E − 03	0.003119	1.71E − 05	0.017661

数据来源：Stata 软件计算结果。

首先，对面板数据进行 OLS 回归，即将面板数据看成截面数据进行回归，混合回归认为，数据中每个样本都拥有一致的回归方程，即认为各个回归的结果之间不存在个体效应，其方程可写为：

$$Y_{it} = \alpha + \beta X'_{it} + \delta Z'_{it} + \varepsilon_{it} \tag{3.12}$$

由于混合回归存在诸多不足，因此，进一步进行固定效应回归。固定效应回归模型假设各个样本之间的回归结果趋于一致，适合各个样本之间差异较小的数据的回归。其方程可写为：

$$Y_i = \beta X'_i + \delta Z'_i + \varepsilon_{it} \tag{3.13}$$

在固定效应模型中，β 不能估计不受时间影响的变量的影响，这使得无法保证 FE 模型是最佳估计，因此，进一步进行随机效应模型回归，其基本方程为：

$$Y_i = \beta X'_{it} + \delta Z'_{it} + \mu_{it} + \varepsilon_{it} \tag{3.14}$$

在用 Stata 将所收集到的数据分别进行混合回归、固定效应回归和随机效应回归之前，我们通过数据观察发现，每次经济危机的发生都会使经济协动性数值发生巨大变化，由于本章使用的数据年份为 1995 ~ 2013 年，而这 19 年间发生了两次经济危机，涉及的年份接近 10 年，因此，为了使得回归的结果更能代表一般情况下的结论，我们首先利用 Stata 剔除了 10% 的极端数值，在此基础上，进行实证回归分析，得到结果见表 3.13（括号内为 P 值，带一颗、两颗、三颗星号的分别为通过显著性为 1%、5%、10% 的系数检验）。

表 3.13　　　　　增加值贸易 OLS、固定效应、随机效应模型回归结果

VARIABLES	OLS Corr	FE Corr	RE Corr
Trade_va	− 0.207 (19.65)	72.12 ** (34.58)	− 0.207 (19.65)
FDII	7.680 ** (3.494)	18.66 *** (5.694)	7.680 ** (3.494)
IS	− 0.00651 *** (0.00183)	− 0.0126 *** (0.00460)	− 0.00651 *** (0.00183)
G&L	0.226 (0.218)	1.201 *** (0.461)	0.226 (0.218)

续表

VARIABLES	OLS Corr	FE Corr	RE Corr
P_gl2_intva	34.72 (36.53)	113.4 * (59.64)	34.72 (36.53)
Constant	0.725 *** (0.165)	0.479 (0.421)	0.725 *** (0.165)
Observations	514	514	514
Number of id		35	35

注：Standard errors in parentheses，*** $p < 0.01$；** $p < 0.05$；* $p < 0.1$。
数据来源：Stata 软件计算结果。

回归结果的符号与预期相同，且除了常数以外都通过了10%置信度区间的检验，表明增加值贸易强度、国际直接投资强度、产业结构相似度及产业内贸易水平都对经济协动性有着显著的影响。各变量的具体情况为：

（1）增加值贸易强度对经济协动性影响为正，其系数意味着增加值贸易强度每提高1%，则中国与其他国家的经济协动性就提高72.12%。观察图3.3 增加值贸易强度的变化趋势，可以发现，1995～2013年中国与其他国家增加值贸易强度大概提升了0.0125个单位，即在1995～2013年，若不考虑其他因素的变化，则我国与其他国家的经济协动性应该提升0.9个单位左右。考虑到1995～2013年我国国际贸易高速增长，而近几年以来国际贸易增速放缓，预计未来增加值贸易对经济协动性的影响系数将低于0.9。

（2）国际直接投资强度对经济协动性影响为正，系数为18.66，即国际直接投资强度每提升0.01，我国与其他国家经济协动性就会提高0.1866，我国与美国、日本等国的国际直接投资强度的下降趋势，就可以解释为何近几年来，我国与美国、日本等国经济协动性呈现下降趋势。此外，国际直接投资系数值低于增加值贸易强度系数值，即可以认为，增加值贸易对经济协动性的影响更大，这也符合前文经济协动性传递机制的分析。

（3）产业结构相似度的系数为负，其系数意味着产业结构相似度每提高1个单位，则我国与其他国家的经济协动性就下降0.0126个单位。考虑到产业结构相似度越大，则两国产业结构差异越大，因此，我们可以理解为我国与其他国家产业结构差异越大，经济协动性越低。这在某种程度上解释了为何2008年次贷危机对美国、英国等金融发达国家的影响较大，而对德国、中国等制造业大国的影响较小。

（4）G&L指数系数值为正，其系数1.201意味着，我国与其他国家产业内贸易水平每提高0.01，我国与其他国家的经济协动性就提高0.01201。从静态角度来讲，这意味着当我国与某国的贸易以产业内贸易为主时，我国与该国的经济协动性就相对较高；这意味着我国不仅应该关注贸易的流量状况，还应该关注贸易的具体方式，同样的贸易流量，产业内贸易和产业间贸易对经济波动传导的作用也不同。

（5）增加值贸易强度和产业内贸易水平的交叉项通过系数显著性检验，即我们认为，交叉项对经济协动性的影响明显，从某种程度上验证了产业内贸易水平会放大增加值贸易强度对经济协动性影响的结论。

为了对比增加值贸易和传统贸易统计方式的异同，进一步验证传统总贸易统计体系会夸大实际贸易状况甚至夸大对经济协动性影响的结论，本章仿照前文增加值贸易的回归方式，利用传统贸易统计数据替换增加值贸易数据进行回归，使用与上节回归中一样的变量进行回归，回归结果见表3.14。与增加值贸易回归结果相比，传统贸易统计方式的回归在符号上完全相同，但是，传统贸易的贸易强度系数高达111.8，远远超过了增加值贸易强度值，意味着传统贸易强度每增加0.01，我国与其他国家的经济协动性就增加1.118，这个数值有些不符合常理。传统贸易强度的这一系数值与前文分析大体相符，夸大了实际贸易水平以及对经济协动性的影响。其他变量方面，国际直接投资强度的系数相差不大，增加值贸易的产业结构相似度和G&L指数大概只有传统贸易统计方式的2/3。最后，在增加值贸易回归中，不显著的交叉项在传统贸易回归中是显著的，似乎证实了产业内贸易对贸易强度的放大作用。

表3.14　　　　　　　　传统贸易统计方式回归结果

VARIABLES	OLS Corr	FE Corr	RE Corr
trade	7.483 (18.18)	86.29 *** (32.96)	7.483 (18.18)
FDII	7.229 * (3.847)	18.12 *** (5.845)	7.229 * (3.847)

续表

VARIABLES	OLS Corr	FE Corr	RE Corr
IS	-0.00761^{***} (0.00197)	-0.0178^{***} (0.00523)	-0.00761^{***} (0.00197)
G&L	0.284 (0.229)	1.530^{***} (0.492)	0.284 (0.229)
P_gl2_trade	41.15 (33.55)	139.0^{**} (57.01)	41.15 (33.55)
Constant	0.751^{***} (0.174)	0.650 (0.463)	0.751^{***} (0.174)
Observations	491	491	491
Number of id		35	35

注：Standard errors in parentheses，***$p < 0.01$；**$p < 0.05$；*$p < 0.1$。
数据来源：Stata 软件计算结果。

对比增加值贸易回归结果与传统统计方式下的统计结果，我们发现，无论是哪一种回归，两国间的贸易强度、国际直接投资强度和产业内贸易水平都对经济协动性有着正向影响，而产业结构差异则降低国家间的经济协动性。两者最大的差别与前文数据分析一致，传统贸易统计方式下的回归倾向于夸大贸易对经济协动性的影响。

考虑到发达国家和发展中国家之间巨大的经济差异，本章在总样本回归分析的基础上，进一步将35个样本国家分为发达国家（22国）和发展中国家（13国），并分别进行了面板数据下的OLS、固定效应和随机效应回归，由于印度尼西亚和沙特阿拉伯数据缺失，因此，在对发展中国家进行回归时删去了这两个国家，得到结果如表3.15所示（每组都进行了混合效应、固定效应和随机效应回归，经检验选取固定效应回归结果，由于篇幅限制，仅展示固定效应回归结果）。

观察分组回归结果，发现发达国家回归结果大致与全样本回归结果相同，即增加值贸易强度、对外直接投资强度对经济协动性有着显著的正向影响，且这种正向影响的效果还大于全样本回归，即认为增加值贸易强度、对外直接投资强度对我国与发达国家经济协动性的影响要显著高于全样本的影响。此外，产业结构相似度对经济协动性有着负向影响，系数值与全样本回归系数并没有显著不同，仅产业内贸易水平变得不显著了。

表 3.15　　　　　　　　　　传统贸易统计方式回归结果

VARIABLES	发达国家 Corr	发展中国家 Corr
Trade_va	80.82 ** (40.00)	66.24 (81.90)
FDII	19.66 *** (6.034)	-46.85 (70.00)
IS	-0.0282 *** (0.00738)	0.00318 (0.00679)
G&L	0.611 (0.566)	1.870 * (1.037)
p_gl2_intva	151.5 ** (67.39)	71.21 (229.0)
Constant	1.924 *** (0.714)	-0.664 (0.569)
Observations	347	149
R – squared	0.086	0.055
Number of ID	22	11

注：Standard errors in parentheses，*** $p < 0.01$；** $p < 0.05$；* $p < 0.1$。
数据来源：Stata 软件计算结果。

观察发展中国家回归结果，除了产业内贸易指数对经济协动性依旧有着显著影响外，其他因素对经济协动性的影响都不显著。对此的解释为：第一，这是由于当前世界经济格局决定的，当前世界经济格局的主导者依旧是以美国为首的发达国家，因此，我国与其他发展中国家的主要经济合作伙伴大部分为发达国家。从某种程度上说，我国与其他发展中国家的很多经济联系是通过发达国家产生的间接联系，以全球价值链为例，我国与其他发展中国家处在以发达国家为主导的不同的价值链条上，因此，贸易、投资等传递机制对双边经济协动性的影响并不十分显著。第二，本章中的发展中国家，由于国家内部的政治不稳定、中央政府控制力较弱、政策变更频繁等问题，一方面，自身经济波动较大，与我国平稳发展的经济状况不同，显示出较弱的经济协动性；另一方面，与我国的贸易、投资等经济合作波动较大，因此，无法显示出对经济协动性的显著的和明确的影响。

3.5 结论和政策建议

目前，我国与其他国家的经济联系十分密切，这种经济联系的密切在与美国、日本、韩国等发达国家之间尤其明显。但是，我国与这些国家之间的经济协动性非常不稳定，经济危机常常会大幅降低我国与其他国家的经济协动性。传统国际贸易统计方式通常会夸大一国的实际贸易水平和贸易强度对经济协动性的影响，显著扭曲国家间的贸易差额，但是，传统国际贸易统计数据在描绘发展趋势时与增加值贸易统计数据大体一致。贸易强度、国际直接投资强度、产业结构相似度和产业内贸易水平都对经济协动性具有显著的影响，且通常情况下，贸易强度对经济协动性的影响要高于国际直接投资强度对经济协动性的影响。贸易除了贸易强度对经济协动性有影响外，贸易方式即是否以产业内贸易为主，也对经济协动性有着显著的影响，通常来说，以产业贸易为主的两国间经济协动性较高。鉴于此，本章提出以下几点政策建议。

第一，国家及高校应该增加对增加值贸易统计方式的研究，从而更加准确地掌握实际贸易状况，为经济、贸易政策的正确制定提供基础。在这一方面，世界贸易组织及 OECD 等国际组织已经走在前列，我国可以在借鉴外国研究的基础上，结合本国国情来制定本国的投入产出表，以便计算增加值贸易额。长期来看，也许我国需要对现行的国际贸易统计体系进行一定程度的改革来适应这一趋势。

第二，我国应该积极参与 WTO、IMF 等国际经济组织，积极参与国际经济协调和全球经济治理。在我国与其他国家经济联系如此紧密的情况下，任何一国的经济波动都会对我国的经济产生影响，对此，我们不应该被动地应对外来经济冲击。相反，我们应该主动出击，积极参与国际经济协调，减少全球性的经济危机出现的可能性，积极帮助其他国家应对经济危机，尽力避免危机的扩大和蔓延，以避免全球经济的动荡。

第三，我国应该积极构建、参与区域贸易经济、贸易合作组织，扩大区域经济合作和政策协调，并争取成为合作组织内的主导国家。如今经济全球化放缓，区域一体化已是大势所趋，国际经济组织规模庞大，难以在短时间内达成经济、贸易政策协调，而区域一体化的经济合作组织更加灵活，且更容易以我国为中心，当发生外来经济冲击时，我们可以通过区域一体化经济组织来进行经济政策协调，从而快速应对其产生的不利影响，减少外来经济冲击对我国的影响。

　　第四，我国与世界经济联系越来越密切，应建立外国经济情况监测机制，为不良经济冲击的发生提供预警。在关注其他国家经济波动时，我们应该首先关注与我国贸易强度、国际直接投资强度较高的国家，这些国家与我国通常有着更高的经济协动性，这些国家的经济波动更容易通过贸易、投资影响到我国的宏观经济状况。此外，产业结构相似的国家经济协动程度较高，而产业结构的相似度与经济发展水平并无直接必然联系，因此，我国应该关注其他国家的产业结构状况，并且重点关注与我国产业结构高度相似的国家的经济状况。此外，产业结构相似度数值与产业结构分类密切相关，因此，我国在寻找与我国产业结构相似国家时，应注意产业结构分类的标准，通过合理的产业结构分类标准来计算产业结构的相似度。

　　第五，我国应积极构建多元化的贸易结构，积极促进产业间贸易的发展。目前来看，我国的贸易伙伴以美国、欧盟、日本等经济体为主，一方面，与这些国家的贸易成本较低，有利于我国国际贸易的发展；但另一方面，也容易集聚贸易风险，因此，我国应积极开拓其他的国外市场，通过贸易伙伴的多元化来分散风险，避免一国经济波动严重冲击我国国际贸易。此外，本章实证研究表明，产业内贸易与经济协动性密切相关且容易放大贸易对经济协动性的影响，而产业间贸易有利于降低国家间的经济协动性，因此，我国应积极促进产业间贸易的发展，以防经济波动通过产业内贸易放大为全面经济危机。

　　第六，我国应积极拉动内需，充分开发国内市场，增强自我发展能力。在过去的三十多年间，我国经济发展主要通过出口和投资来拉动，近几年的各项指标表明，通过出口、投资来拉动经济的方式已进入边际递减阶段，且依赖出口、外资也使得我国更容易受到其他国家经济冲击的影响。因此，我国应积极拉动内需，通过内需来拉动国内经济发展、促进国内产业结构的优化，提升我国的经济发展质量和自我发展能力。

第 4 章

"一带一路"沿线经济体与中国的贸易发展[*]

4.1 引言及文献回顾

4.1.1 引言

当前，国内外经济形势复杂多变，市场"黑天鹅"现象频频发生，中国的国际贸易也面临相应的挑战。而"一带一路"沿线包含多个新兴经济体，经济发展潜力巨大。中国在"一带一路"建设的过程中，双边贸易受哪些因素影响，未来贸易的走势如何，都是需要关注的问题。存在"一带一路"沿线诸多发展中国家以及不发达国家和地区经济数据容易缺失，或数据不准确的问题，给双边贸易研究带来挑战。已有的研究表明，夜间遥感获取到的经济社会数据具有时空连续的特点，在一定程度上补充了传统经济社会统计数据的不足，有利于研究学者获得较大时间和空间尺度的经济社会参数，并借以作为经济学研究评估人类活动和区域发展的时空模式。针对以上问题，本章通过美国国家海洋和大气局（NOAA）公布的国防气象卫星计划（DMSP/OLS）夜间灯光数据，基于引力模型对中国与"一带一路"沿线国家（地区）间的贸易影响因素进行探讨，以验证"一带一路"沿线国家和地区的夜间灯光数据在贸易研究中是否能作为有效的经济指标，并探讨其作为经济指标具有的优势与不足。

改革开放尤其是加入世贸组织后，中国经济持续保持快速增长，即使

---

* 感谢龙翔对第 4 章部分内容的整理。

在经历1998年亚洲金融危机和2008年国际金融危机期间，中国GDP占世界的份额仍保持稳定的上升态势。虽然近几年来中国经济增速有所放缓，但中国经济的发展状态在全球经济中依然表现突出。从双边贸易对经济的影响来看，中国与"一带一路"国家（地区）的双边贸易额占中国GDP的比重以及双边贸易额占中国以外的其他"一带一路"国家（地区）GDP的比重一直都呈上升态势，分别从1995年的5%上升到2015年的8%以及1995年的1%上升到2015年的7%，两国间双边贸易对两国经济的影响一直在增强。从双边贸易对方市场的依赖程度来看，"一带一路"沿线国家和地区正逐步成为中国重要的出口市场。2015年末，中国对"一带一路"沿线国家（地区）出口额达到6168.34亿元，占中国货物出口总额的25%，与1999年相比翻了一倍多。而中国在"一带一路"沿线国家（地区）出口市场地位逐日显现。进入21世纪以来，"一带一路"沿线国家（地区）对中国出口在其出口总额中比重不断上升，2015年达到9%，而1999年仅为3%[①]。但与"一带一路"沿线国家（地区）在中国出口市场的地位形成反差的是，中国仍算不上"一带一路"沿线国家（地区）的主要出口市场。从比重来看，中国从"一带一路"沿线国家（地区）的进口占比已达到较高水平，但中国在"一带一路"沿线国家（地区）对全球出口中的比重却明显偏低。虽然近年来，中国的货物进口额上升很快，但目前的进口规模与欧盟、"一带一路"沿线国家（地区）总体以及美国相比，仍存在一定差距，中国从全球进口的总规模限制了中国从"一带一路"沿线国家（地区）进口的扩大。

随着中国与"一带一路"沿线国家（地区）在出口方面的依赖程度逐渐加深，双方贸易在各自出口市场中的重要性日益显现。实证研究结果表明，校正后的"一带一路"沿线国家（地区）夜间灯光数据与各国GDP间具有显著的正相关性。以灯光数据作为GDP的替代量，通过引力模型进行的回归结果也能显著表明地理距离、边界以及区域协定对中国与"一带一路"沿线国家（地区）贸易的影响，进一步验证了灯光数据在"一带一路"贸易研究中的有效性。基于回归结果对1996～2012年贸易趋势的预测与实际贸易趋势的对比显示，以灯光数据预测的"一带一路"贸易趋势与实际贸易趋势基本吻合，但由于灯光数据自身的局限性，如在2009年金融危机时，并不能体现贸易因全球金融危机带来的下降，具有一

---

① 国家统计局2018年的数据。

定的不足。

4.1.2 文献回顾

目前，国内外基于夜间灯光数据的研究多局限于灯光亮度与 GDP 的相关性验证，以及通过灯光对 GDP 的增长率和绝对值进行修正和预估，将夜间灯光数据作为经济指标来探讨双边贸易影响因素仍具有很大的研究空间。本章通过引力模型，对以灯光数据作贸易预测与实际值的比较，证明了其作为经济参数在 "一带一路" 贸易研究中的实用性，具有一定的研究价值。灯光数据较 GDP 而言，更为直观地反映了经济的时空变化。以灯光数据作为经济变量考察 "一带一路" 沿线国家和地区与中国的贸易影响因素，在欠缺不发达国家 GDP 数据或 GDP 数据准确度问题时，可以作为补充。当然，灯光数据因遥感技术的发展以及其自身特点，在作为经济指标研究时还存在不足，需要更进一步地讨论和研究。

已有的研究表明，通过夜光遥感获取的时空连续的经济社会数据，可评估人类活动和区域发展的时空模式，作为补充经济社会统计数据的一种有效补充。"一带一路" 倡议作为一个全新的经济合作发展理念，对于其贸易影响因素及贸易趋势的研究十分具有经济价值。在 "一带一路" 背景下，要想充分实现投资战略的最终目的，必要前提是获取 "一带一路" 沿线国家（地区）更为准确的经济社会动态。目前，各国（地区）和国际组织可获得的经济社会统计数据不完善，难以最大程度地达到 "一带一路" 的建设要求，而夜光遥感技术能够有效监测 "一带一路" 沿线国家（地区）的经济社会动态，特别是对于经济社会统计数据缺失的国家（地区）而言，夜光遥感可以依照自身优势，将这些数据不足进行弥补。此外，通过夜光遥感影像进行影响变化检测分析，从宏观角度了解 "一带一路" 不同国家、不同区域的经济发展状况，能够更好地把握 "一带一路" 倡议构想的实施与理解。

夜间灯光来源于生活和生产中使用的照明设施，它们的密度和使用一定程度上反映出一个区域发展的发达水平。这些数据主要从 DMSP/OLS 卫星传感器中获得。夜间灯光数据应用于经济学研究中，大致可以依照不同的研究应用分为三类。早期地球科学或遥感领域的学者将夜间灯光应用于人口密度、GDP、人均收入、城市化和能源消费的研究，探索夜间灯光和其他变量之间的相关性。克罗夫特（Croft, 1973）开创性地提出夜间灯光遥感图像的研究使用。照明设施依靠电力运作和电力能耗密切相关，因此，夜间灯光在研究电力能源消耗中得到了广泛地应用。一些研究者认为，照明用电和电耗之间存在一个固定的比率，以灯光数据作为电力消耗的代理变量进行考察。韦尔奇（Welch，1980）研究表明，美国的用电消耗和基于 DMSP/OLS 的灯光数据呈正相关。艾尔维奇等（Elvidge et al.，1997）通过对 21 个国家 1994 年的灯光平均亮度和用电消耗的对数化形式回归则认为，二者之间的弹性为 1.178。施等（Shi et al.，2014）也认为，中国省级和地市级的灯光亮度和用电能耗为正相关关系。

由于并非所有国家都能提供详实并准确的人口规模及人口分布等信息，托布勒（Tobler，1969）首次提出了通过卫星遥感得到的图像可以克服这些问题，并且所需要的花费也会低于一般的人口普查。韦尔奇等（1980）首次使用夜间灯光数据来估计中国和美国 35 个城市的人口。艾尔维奇等（1997）通过对 21 个国家的平均灯光和总人口规模的对数形式回归得到二者之间的弹性为 0.92。苏藤（Sutton，2001）通过灯光数据来估计总人口，估计表明 1997 年全球人口总数应为 63 亿，高于联合国估计的59 亿人口。

夜间灯光数据也被证明和实物资本呈正相关关系。多数人造的照明设施都和实物资本相关联，如居民住宅、办公楼、零售商场和道路照明。这些实物资本根据归因不同又可分类为生产和消费性资本。早期，英霍夫等（1997）在这方面进行的研究表明，美国 48 个州照明区域面积和城镇化区域存在显著的正相关关系。秋山基一（Akiyama，2012）认为，平均灯光亮度与城市和郊区的划分以及农村地区建筑的分布呈正相关。艾尔维奇（1997）研究美洲 21 个国家的夜间灯光面积和 GDP 的相关性发现，回归结果的系数达到 0.97。此后，类似的研究分析发现，夜光总量与 GDP/GRP 的回归决定系数在欧盟、中国、美国等区域达到 0.8~0.9（Christopher N. H. Doll et al.，2006；Xi Li et al.，2013；D. J. Forbes et al.，2013）。2011 年，布朗大学利用夜光遥感数据修正各国国民生产总值的增长率，如缅甸 1992~2005 年的 GDP 年均增长率经过夜光数据修正后为 6.48%，而官方公布的同期数据为 10.02%，此研究成果刊登于当年的《美国经济评论》上。诺德豪斯等（Nordhaus et al.，2011）的分析表明，在估计不发达国家的国内生产总值方面，灯光可以提供更多有效的信息，不发达国家报告的国内生产总值（GDP）通常具有较大误差。而经过校正后的灯光数据以一个正式的经济指标来衡量经济增长，则是亨得森（Herderson et al.，2012）通过1992～2008年全球灯光数据和传统的GDP数据进行实证对比,发现灯光对GDP的弹性在0.28～0.32,并经过一系列的假设和修正认为,灯光增长对GDP的增长弹性介于1.0～1.7。

随后,有学者将夜间灯光获得的信息,结合人口密度、土地覆盖等地理信息数据,建立新的指标,如人类足迹指数(human footprint index)(Sanderson et al.,2000)和灯光发展指数(night light development)(Elvidge et al.,2012)。或通过夜间灯光数据修正全球及省级GDP估算(T. Ghosh et al.,2010;Xi Chen et al.,2011;韩向娣等,2012;何洋等,2014)。霍尔等(O. Hall et al.,2015)认为,农业部门产值难以用夜光来度量,提出利用遥感土地覆盖产品和夜光影像分别来度量农业和非农业部门产值,得到了中南半岛各国的亚国家(地区)的经济增长率数据。国内笔者徐康宁等(2015)采用全球夜间灯光数据来测算中国的实际经济增长率,认为1993～2012年中国实际经济增长率的平均值与官方统计数据都不完全吻合,全国整体低了1.02个百分点,但整体差距没有国外学界质疑的大。

以上研究证明,夜间灯光与国民生产总值(GDP)或区域生产总值(GRP)存在较高的相关性,为夜间灯光应用于经济学研究奠定了基础。第三类应用则是在此原理上直接将灯光数据作为解释变量或被解释变量进行回归,并在没有可替代数据来源的情况下,创新性地将灯光数据直接作为反映经济活动的代理变量。霍德勒等(R. Hodler et al.,2014)通过对126个国家的38427个地区、1992～2009年17年的数据进行年度比较发现,领导人的家乡夜间灯光强度会伴随领导人的在位增强,同时也会随着他们的卸任而减弱,甚至回落到初始水平。麦卡罗谱欧斯·S等(S. Michalopoulos et al.,2014)以夜间灯光数据的灯光密度来衡量撒哈拉以南非洲种族的经济发展,考察国家制度与地区发展间的关系,并认为,在考虑了种族固定效应后,国家制度与地区灯光密度之间的关系并不显著。霍德勒等(2014)将灯光数据作为一个经济代理变量以预测内部武装冲突对非洲国家的经济冲击。格兰德斯特因等(Gradstein et al.,2016)通过研究巴西夜间灯光变化与油价变化关系,发现在油价上涨时期,巴西在石油丰富地区的油价较石油贫瘠地区增长近50%;同时,相对于较偏远的油田而言,油田100km内的地区油价增长近30%。李(Lee,2016)认为,政府对外公布的经济数据与真实的经济情况存在差异,将灯光数据用于估计朝鲜的经济发展水平。田等(Tian et al.,2014)以夜间灯光数据作为经济增长指标,对中国2000年、2004年、2008年的货运总量、铁路货运量和公路货运量进行回归分析，认为夜光数据适用于对货运总量和公路货运量的时空分析，但不适用于铁路货运量的考察。刘修岩和刘茜（2015）以 1996~2012 年 DMSP/OLS 夜间灯光数据研究表明，认为本地区贸易开放程度的提高显著促进了区域内部的城市集中，并且相邻地区贸易开放程度的扩大会造成本地区城市集中度的下降。哈达迪（Hadadi，2016）通过建立引力模型，对全球多个国家的贸易和灯光数据进行回归，认为灯光数据在研究国际和国内贸易中具有较高的解释能力，其回归系数和通过GDP 进行回归得到的系数较为相似。范子英等（2016）采用夜间灯光数据度量地方经济增长，发现新任部长对其出生地的经济增长具有显著的促进作用，部长的卸任在短期内并没有"人走茶凉"的效应。黄亮雄等（2016）采用夜间灯光亮度数据的研究发现，中国的经济发展显著提高了沿线国家的人均与地区平均灯光亮度，双方领导人的来访则进一步提高该效应。

4.2 理论可行性分析

引力模型自 20 世纪提出并运用于贸易分析之后，受到许多经济学者的关注，并得到广泛地运用，其模型也不断扩展。大量有关于贸易引力模型研究表明，贸易进出口和贸易伙伴的经济规模呈正比。国民生产总值（GDP）也成为贸易研究中最常使用的变量。但在引力模型中，GDP 作为解释变量也存在一些不足。本章将夜间灯光数据应用于引力模型研究中，对中国与"一带一路"沿线国家的贸易发展状况进行分析，探索构建灯光数据对贸易研究的可行性，开拓夜间灯光数据研究贸易的先河，并结合引力模型的最新发展及微观基础思考拓展性的相关研究。

GDP 作为解释变量存在一些不足。首先，是数据采集的质量问题。由于统计方法的不完善或者市场的不健全，相较于发达国家，发展中国家的GDP 统计往往存在不准确或数据缺失的问题。因此，依靠传统方法创建的观察指标往往存在较大的误差。即使某些区域经济和人口统计数据由各国家相关部门或机构定期收集，这些指标或指数的测量误差一般都不会公开报告或者无法测量其大小。在社会学研究中，研究学者经常使用的经济指标，如收入或国内生产总值（GDP）作为假设检验中的回归或控制变量，往往因测量误差不能充分反映变量对研究对象的真实影响。其次，是 GDP

的统计口径问题。在以支出法衡量 GDP 的统计中，进出口额也计入其中，容易降低贸易引力模型回归结果的解释力。代理变量或者工具变量是解决这一问题较好的方法，但找到一个有效的代理变量或工具变量却具有一定的难度。

为解决这些问题，古德柴尔德（Goodchild，2004）和巴伯恩斯（Babones，2013）认为，通过非常规、非调查的方法，如遥感信息的使用，可以作为一种解决方案。其中，夜间灯光数据被认为是解决这些问题较好的工具之一。灯光与经济发展之间的密切联系是不言而喻的。发达的经济地区，尤其是商业活动频繁和人口密集商业和工业区，往往需要更多的照明，其夜间灯光也因此更明亮。灯光数据已被证明其与主要的经济指标高度相关，在估计区域和地方发展、人口变化等方面具有研究潜力（Chen et al.，2011；Henderson et al.，2011）。和 GDP 相比较，从空间收集的灯光数据优点在于：

第一，灯光数据的信息几乎可以覆盖全球，并可以通过卫星实时更新。

第二，可以提供小面积范围的数据信息，并且不容易受到传统的统计或调查带来的误差影响，数据更为准确。

第三，在贸易引力模型中，由于灯光数据直接通过遥感图像获得，并且在处理统计过程中不会计入进出口贸易值，可以一定程度上避免模型解释力不足的问题。

基于以上相关研究分析，可以认为，灯光数据作为 GDP 代理变量或工具变量在贸易引力模型中具有研究的可行性。然而，目前相关研究的范围多关注全球或某一独立国家和地区，灯光数据是否能较好地应用于"一带一路"沿线国家与中国的贸易研究，有待于进一步考察。

引力模型在分析中国与"一带一路"沿线国家双边贸易中具有广泛的运用。殷杰、郑向敏和董斌彬（2015）通过构建旅游贸易的随机前沿引力模型和旅游贸易非效率模型，研究了中国对"21 世纪海上丝绸之路"沿线国家的出入境旅游贸易效率，发现服务贸易协定以及突发事件会增强旅游贸易非效率的影响，在中国出境旅游贸易效率增长的同时，入境旅游贸易效率却在下降。谭秀杰和蒯娣（2016）运用随机前沿引力模型，评估了丝绸之路沿线主要国家的出口效率、进口效率及影响因素关系，认为贸易效率总体下降的主要原因是人为贸易阻力。谭晶荣、王丝丝和陈生杰（2016）则分析丝绸之路部分国家农产品的贸易潜力，认为通过引力模型的测量结果，中国与中亚五国在农产品贸易规模方面逐渐扩大，但是，双边的农产品贸易结构还相对单一。梁琦和吴新生（2016）则利用拓展的贸易引力模型检验"一带一路"沿线39个国家的贸易活动，认为"一带一路"沿线国家间的贸易存在显著的母国市场效应。刘家贵、王录安和刘旭凡（2016）对中国从"一带一路"国家进口乳制品的研究表明，经济发展和区域贸易协定有利于促进中国乳制品贸易的发展，中国的乳制品贸易潜力较小，应该更加注重培植国内的消费能力。刘洪铎、李文宇和陈和（2016）通过构建文化交融指标，基于改进的引力模型考察了文化交融对中国与"一带一路"沿线国家双边贸易关系的影响，认为说明中国与欧洲、高等或中等收入的沿线国家双边的文化交融仍存在较大的提升空间。

除运用引力模型对中国与"一带一路"国家和地区的贸易发展情况进行分析外，谢孟军（2016）使用双差分估计方法实证研究了中国与"一带一路"国家文化输出和商品输出之间的内在联系，孔子学院促进了我国向"一带一路"沿线国家的出口。与"一带一路"相关地区的贸易研究方面，向伟（2015）分析了中国对哈萨克斯坦出口商品结构现状，并对双边贸易竞争力指数、产业内贸易指数进行测算，结果表明，我国对哈萨克斯坦出口的产品以技术密集型为主导，哈萨克斯坦技术密集型产品处于竞争优势，而资本密集和自然资源密集型产品则存在竞争力不足的现象。姚铃（2016）从贸易结构以及对外投资流量等方面对中国与中东欧贸易进行考察，认为国际金融危机使得各经济体在经贸合作方面重新考量，并且中东欧国家与中国的经贸合作紧密程度加深。刘宇（2016）利用GTAP模型定量测算了中哈两国关税削减和贸易便利性提升的经济影响，发现贸易便利化对经济的促进作用大于关税削减，在研究中哈贸易自由化中必须考量时间成本这一重要因素。郝景芳和马弘（2012）在梳理和总结引力模型最新进展的基础上运用最新研究结果，用引力方程对中国2012年的贸易数据作出准确的估计。结合最近10年引力模型在理论和实证方法上的突破性发展，总结回顾了引力方程应用中的主要结果和计量估计上应该注意的问题，并证明引力方程对研究中国贸易是很好的工具和方法，值得更深入地探讨和广泛应用。

首先，通过上述文献来看，DMSP/OLS夜间灯光数据的应用广泛性、时空全面性、客观与一致性以及良好的数据匹配性。其可以代理经济变量，应用于全球各国，又可以应用于某省某市；既修正了传统数据的主观性偏误，又能克服其因时空差异导致的不一致性。其次，从现有文献搜索的结果来看，DMSP/OLS夜间灯光数据在社会科学中的应用研究成果还很少，但只要研究设计得好，恰当使用数据，可以在克服传统社会经济类数据缺陷的基础上做出很好的研究，并且与地理学界较为单一地使用 DMSP/OLS 夜间灯光数据相比，社会科学研究可以充分利用该数据的良好匹配性，把它与其他大数据相互配合使用，进而从经济、社会和政治角度更深入认识社会运行的内在机制。而有关于"一带一路"国家与中国贸易发展研究中，主要集中于以 GDP、进出口双边距离、进出口双方的贸易自由度、使用共同语言等对出口效率、贸易潜力以及贸易成本进行考察，利用夜间灯光数据作为经济指标进行研究的尚未涉及。本章利用 DMSP/OLS 夜间灯光数据，考察"一带一路"沿线国家与中国贸易的发展状况，是夜光数据在社会科学中研究的深入与拓展。另外，"一带一路"区域多为不发达国家，鉴于其数据的可获得性，以夜光数据作为经济指标进行 GDP 替代考察，有利于从宏观角度更为准确地把握"一带一路"区域的经济发展状况。

4.3 研究区域的界定及灯光数据的校正

4.3.1 研究区域的界定

习近平主席分别于 2013 年 9 月及 10 月，在出访中亚和东南亚国家期间先后提出共建"丝绸之路经济带"及"21 世纪海上丝绸之路"的倡议。根据 2015 年国家发展改革委、外交部、商务部联合发布的《推动共建丝绸之路经济带和 21 世纪海上丝绸之路的愿景与行动》（以下简称《愿景与行动》），"'一带一路'贯穿亚欧非大陆"，打造新的国际经济合作走廊，"基于但不限于古代丝绸之路的范围，各国和国际、地区组织均可参加，让共建成果惠及更广泛的区域"。

在《愿景与行动》的框架思路中，"丝绸之路经济带"重点推进的范围为中国经中亚、俄罗斯至欧洲（波罗的海）；中国经中亚、西亚至波斯湾、地中海；中国至东南亚、南亚、印度洋。清华大学中国与世界经济研究中心的《丝绸之路经济带——发展前景及政策建议》中有学者研究认为，从地理经济学角度考虑，"丝绸之路经济带"可主要分为三条线路：北线：中国—哈萨克斯坦—俄罗斯南部—乌克兰、白俄罗斯—波兰—德国；中线：中国—吉尔吉斯斯坦、塔吉克斯坦、乌兹别克斯坦—土库曼斯坦—土耳其；南线：中国—阿富汗、巴基斯坦—伊朗/埃及—阿拉伯半岛/北非。

"海上以重点港口为节点"，主要推进范围是中国沿海港口—南海—印度洋/南太平洋。结合古代海上商路，鞠华莹和李光辉（2014）合作的论文《建设21世纪海上丝绸之路的思考》中认为，"21世纪海上丝绸之路"有以下两条：南海—马六甲海峡、印度洋—东南亚、南亚、西亚及北非、欧洲；黄海、东海、日本海—朝鲜、韩国、日本及俄罗斯远东地区。

综上所述，"一带一路"定位于一个开放的国际区域经济合作网络，尚未存在精确的空间范围。在本章中，参考以上地理划分，结合与"一带一路"已有的相关研究，考虑到指标的稳定性和数据的可采性，确定以下64个经济体为研究对象。因2006年塞尔维亚与黑山联盟解体为塞尔维亚共和国与黑山共和国两个主权国家，巴勒斯坦地区的GDP数据存在缺失较为严重等问题，为便于检验实证效果，在实证研究部分中将其进行剔除（见表4.1）。

表4.1 **64个研究经济体及所属区域**

所属区域	经济体	数量
东北亚	蒙古、俄罗斯	2
东南亚	新加坡、印度尼西亚、马来西亚、泰国、越南、菲律宾、柬埔寨、缅甸、老挝、文莱、东帝汶	11
南亚	印度、巴基斯坦、斯里兰卡、孟加拉国、阿富汗、尼泊尔、马尔代夫、不丹	8
西亚北非	阿联酋、科威特、土耳其、卡塔尔、阿曼、黎巴嫩、沙特阿拉伯、巴林、以色列、也门、埃及、伊朗、约旦、叙利亚、伊拉克、巴勒斯坦	16
中东欧	波兰、阿尔巴尼亚、爱沙尼亚、立陶宛、斯洛文尼亚、保加利亚、捷克、匈牙利、马其顿、塞尔维亚、罗马尼亚、斯洛伐克、克罗地亚、拉脱维亚、波黑、黑山	16
独联体国家	乌克兰、白俄罗斯、阿塞拜疆、格鲁吉亚、亚美尼亚、摩尔多瓦	6
中亚	哈萨克斯坦、吉尔吉斯斯坦、土库曼斯坦、塔吉克斯坦、乌孜别克斯坦	5

数据来源：根据2015年国家发展改革委、外交部、商务部联合发布的《推动共建丝绸之路经济带和21世纪海上丝绸之路的愿景与行动》。

4.3.2 灯光数据的校正

本章用以衡量经济发展指标的全球夜间灯光数据，为美国国家海洋和大气管理局（NOAA）公布。早期的灯光数据于 20 世纪 70 年代初开始收集，并于 1992 年在美国国家海洋和大气管理局国家地球物理数据中心（NGDC）建立数据存档。另一收集低成像数据的传感器为 2011 年发射的 NASA/NOAA SNPP 卫星上飞行的 VIIRS。DMSP/OLS 提供了时序连贯的全球城市遥感图像，时间跨越为 22 年（截至目前，共有 1992～2013 年的全球夜间灯光卫星遥感图像）。其中的稳定灯光数据（stable_light_avg，也即前文研究中使用的数据），剔除了夜间云层及短暂火光和背景噪声等影响，并对每一年检测到的灯光做复合平均值处理，将灯光亮度转变为可量化的灰度像元值（DN），DN 值范围为 0～63，0 为没有可见光，63 为饱和值。稳定灯光数据从空间上提供了人类活动全景，成千上万的灯光形成各种形状的群集，被农村和海洋地区的黑暗所包围，人口、商业活动区域以及资源消耗的分布一目了然。而通过前文介绍可以了解到，以灯光数据作为经济指标进行考察具有较高的研究价值。

目前，NGDC 共公布了 6 颗卫星 1992～2013 年的稳定灯光数据。虽然 NGDC 已对图像进行了初步噪音处理，但仍存在其他问题。首先，在公布的数据中存在同一年公布两颗卫星数据的情况，这是由于新旧卫星接替时，由于卫星的设定，不同传感器的表现也会不同，存在一定的数值差异。其次，由于传感器的表现会随时间而衰退，同一颗卫星在不同年份得到的数据波动也会较大。最后，NGDC 将原始图片整理为数据时，对数据的两端进行了截断，灯光最大值一直保持在 0～63，而忽略了发达地区的灯光值可能存在的溢出及欠发达地区灯光忽略的问题。

因此，需要对原始的灯光数据进行校正，以保证灯光数据在：第一，同一年份不同卫星的栅格灯光亮度；第二，同一卫星不同年份的灯光亮度；第三，同一年份不同卫星的有光栅格数量；第四，同一卫星不同年份的有光栅格数量这四个方面具有可比性。根据遥感文献（Elvidge et al., 2009），校正方法简要介绍如下。

（1）在所有卫星中选择累计灯光亮度最大的卫星 F12 1999 年的数据作为基准，并选择灯光平稳变化的意大利西西里岛作为参考，基本原理为通过选择的时间序列中这一地区的灯光平稳变化，以推算全球各国的灯光变化。

（2）考虑后文研究的其他数据的可取性，将选择意大利西西里岛1995～2012年各卫星的数据为自变量，以其F12 1999年数据作为因变量，建立回归方程：

$$Y = \alpha_0 + \alpha_1 X + \alpha_2 X^2 + \varepsilon \qquad (4.1)$$

（3）针对同一年份具有不同数据的情况，为充分利用两颗卫星获取的数据，进行加权平均得到该年的灯光数据（见图4.1和图4.2）。

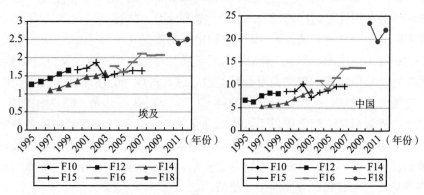

图4.1 埃及与中国1995～2012年灯光数据校正后图示

数据来源：美国国家海洋和大气局（NOAA）公布的国防气象卫星计划（DMSP/OLS）夜间灯光数据。

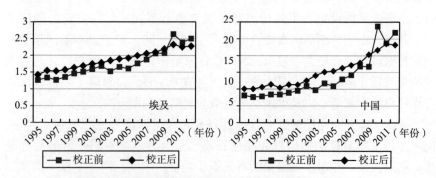

图4.2 埃及与中国1995～2012年灯光总量校正前后图示

数据来源：美国国家海洋和大气局（NOAA）公布的国防气象卫星计划（DMSP/OLS）夜间灯光数据。

亚洲灯光最亮的地区通常集中在日本、中国东部沿海、新加坡和印度等地区。这实际上反映了亚洲地区经济发展水平的变化。另外，2013年

"一带一路"国家的灯光分布表明沿着"丝绸之路经济带"仍有许多灯光亮度不高的国家,灯光集中在中国、南亚及中东欧,最亮的部分则为"一带一路"最终延伸的西欧地区。

4.4　实　证　分　析

研究范围为"一带一路"沿线的 64 个经济体,但根据数据的采集效果,最终剔除缺乏 GDP 数据的巴勒斯坦地区以及黑山和塞尔维亚两国,故实际研究对象为 61 个经济体。根据亨德森等(2012)的研究思路,设 y 为各国的 GDP,l 为灯光亮度总值,area 为各国国土面积(见表4.2),灯光与 GDP 的增长有如下关系:

$$\ln y_{i,t} = \beta_0 + \beta_1 \ln(l_{i,t}/area) + \beta_2 \ln(l_{i,t}/area_i)^2 + \varepsilon_{i,t} \tag{4.2}$$

i 为选定的 61 个经济体,t = 1995,1996,…,2012。

由于不同经济体之间在生活方式、地理区位等方面的差异会导致灯光亮度有所不同,为降低灯光数据的测量误差对估计的干扰,尝试加入替代量和控制变量对式(4.2)表示的模型进行优化,其中,δ 为控制变量集合对应的系数,η 为不可观察的省份效应,μ 为不可观察的时间效应:

$$\ln y_{i,t} = \beta_0 + \beta_1 \ln(l_{i,t}/area_i) + \beta_2 \ln(l_{i,t}/area_i)^2 + \delta \ln con_{i,t} + \eta_i + \mu_t + \varepsilon_{i,t} \tag{4.3}$$

表 4.2　　　　　　　　　　　**各类数据来源**

指标名称	变量符号	变量类型	含义	单位	数据来源
GDP	y	因变量	国内生产总值	千万美元	UNCTAD
国土面积	area	控制变量	国土面积	平方千米	CEPII
灯光亮度	l	自变量	灯光亮度	无单位	NOAA
固定资产形成总额占 GDP 比重	K	控制变量	资本	%	WDI
从业人数占总人口比重	L	控制变量	劳动	%	WDI

数据来源:运用 Stata 软件计算结果。

表4.3 给出了相关变量的描述性统计。由于 NOAA 提供的数据缺少巴

勒斯坦地区的夜间灯光数值,且 2006 年塞尔维亚和黑山国家联盟解体为塞尔维亚共和国与黑山共和国,在所选的时间范围内存在 GDP 统计缺失问题,故实际样本数有所减小。表中各变量的方差膨胀因子(VIF)均小于 3,表明它们之间并不存在明显的多重共线性问题。

表 4.3　　　　　　　相关变量描述性统计(1995~2012 年)

变量	样本数	最小值	最大值	VIF
y	1098	28.91294	201611	—
light/area	1098	0.015831	53.78423	1.01
L	1098	16.3	86.3	1.03
K	1022	2.918034	68.02272	1.02

数据来源:运用 Stata 软件计算结果。

在对式(4.3)表示的模型的估计中,运用固定效应模型进行整体样本的估计,并在此基础上,添加时间和国家固定效应估计结果,见表 4.4 的列(1)。从结果可以看到,β 值为 0.166,并在 1% 水平上通过显著性检验,说明 GDP 与灯光亮度之间存在着非常显著的正相关关系。在表 4.4 的列(2)中加入了时间趋势项,结果显示,β 依然显著为正,但数值有所降低。列(3)加入了二次项进行估计,回归效果并不显著。列(3)加入了资本和劳动作为控制变量的回归结果,可以看到,尽管 β 降至 0.115,但统计上仍然十分显著。这一结果进一步说明灯光亮度与 GDP 正相关的显著性。GDP 数据很大程度上来源于人工统计,不可避免地存在非客观性,具有因人为因素而夸大或缩小的可能,而灯光数据不仅更为客观,并且能考察到不发达经济体的变化情况,实用性强。

表 4.4　　　　　　　　　　整体估计结果

Variables	(1)	(2)	(3)	(4)
lnlight	0.166 *** (0.0599)	0.161 *** (0.0554)	0.160 ** (0.0685)	0.115 * (0.0655)
lnlightsq			−0.00501 (0.0180)	

续表

Variables	(1)	(2)	(3)	(4)
lnK				0. 202 ** (0. 0813)
lnL				0. 309 (0. 291)
Constant	7. 155 *** (0. 0488)	6. 940 *** (0. 0389)	7. 173 *** (0. 0949)	5. 413 *** (1. 133)
Time trend	No	Yes	No	No
Country effect	Yes	Yes	Yes	Yes
Time effect	Yes	Yes	Yes	Yes
Observations	1098	1098	1098	1022
R – squared	0. 878	0. 828	0. 878	0. 896
Number of id	61	61	61	59

*** p < 0. 01, ** p < 0. 05, * p < 0. 1

数据来源：运用 Stata 软件计算结果。

引力模型被国际学者广泛运用于研究双边贸易及其影响因素的分析，是国际上最常用的贸易数量方程。基于此，本章将建立引力模型对中国与"一带一路"国家间的贸易数据进行回归。建立方程如下：

$$\text{lntrade}_{i,t} = \lambda_0 + \lambda_1 \text{lngdp}_{i,t} + \lambda_2 \text{lngdpc}_{i,t} + \lambda_3 \text{lndist}_i + \sum \lambda_k z_k + \varepsilon_{i,t}$$

(4.4)

i 为选定的 61 个经济体，t = 1995，1996，…，2012。

其中，trade 为中国对"一带一路"国家的进口或出口；gdp 及 gdpc 分别为"一带一路"各国和中国在 t 年的 GDP；dist 为两国距离；λ_0 为常数项；z 为影响贸易的其他哑变量。由于哑变量的选择对回归结果影响很大，参考各类文献并结合"一带一路"的国家情况，选择共同边界作为自然变量，以"一带一路"国家是否为东盟（AESEAN）成员国、是否为亚太组织成员国（APEC）作为社会性变量作为哑变量进行考察。同时分别考察这些因素对进口与出口的影响。最终确定模型如下：

$$\text{lnimp}_{i,t} = \lambda_0 + \lambda_1 \text{lngdp}_{i,t} + \lambda_2 \text{lngdpc}_{i,t} + \lambda_3 \text{lndist}_i + \lambda_4 \text{lnbor}_i$$
$$+ \lambda_5 \text{asean}_i + \lambda_6 \text{apec}_i + \varepsilon_{i,t}$$

(4.5)

$$\text{lnexp}_{i,t} = \lambda_0 + \lambda_1 \text{lngdp}_{i,t} + \lambda_2 \text{lngdpc}_{i,t} + \lambda_3 \text{lndist}_i + \lambda_4 \text{lnbor}_i$$
$$+ \lambda_5 \text{asean}_i + \lambda_6 \text{apec}_i + \varepsilon_{i,t} \tag{4.6}$$

i 为选定的 61 个经济体，t = 1995，1996，…，2012。

其中 imp 和 exp 分别代表中国从"一带一路"各国在 t 年的出口与进口；bor 为"一带一路"国家是否与中国存在共同陆上边界或邻海；AESEAN 与 APEC 分别代表是否为东盟或 APEC 成员，并考虑各成员国的加入时间（见表 4.5）。

表 4.5 各数据来源

指标名称	变量	单位	数据来源
中国与各国进出口贸易额	imp/exp	千万美元	UNCTAD
GDP	gdp/gdpc	千万美元	UNCTAD
各国与中国距离（首都间距离）	dist	千米	CEPII
灯光亮度	sol	无单位	NOAA
共同边界	bor	0/1	
是否为东盟成员	asean	0/1	ASEAN 官方网站
是否为 APEC 成员	apec	0/1	APEC 官方网站

数据来源：笔者根据数据及模型特征整理可得。

依据式（4.5）和式（4.6）表示的模型，首先，运用传统的线性最小二乘法，加入时间效应对最基础的引力方程加以回归，后加入其他变量进行考察，得到结果如表 4.6 中的列（1）、列（2）、列（3）、列（4）所示。可以看到，核心变量 gdp 和 gdpc 回归系数均显著为正，距离回归系数显著为负，表明中国贸易数据与贸易理论的一般趋势较为符合。但进行异方差检验，结果显示出非常明显的异方差性。

已有的研究表明，泊松伪最大似然估计方法（PPML）会给予所有观察对象相同的权重，在贸易研究中，可以进行包括零贸易值的回归分析。根据异方差检验结果，可以认为 OLS 估计是有偏的，需要对回归方法做进一步地改进。参考已有的引力模型实证分析作法，选用泊松伪最大似然方法（PPML）进行新的回归，并与 OLS 回归结果做比较。得到结果见表 4.6 中的列（5）、列（6）、列（7）、列（8）。

表 4.6 以 GDP 为自变量 OLS 和 PPML 回归结果

变量	(1) ols	(2) ols	(3) ols	(4) ols	(5) ppml	(6) ppml	(7) ppml	(8) ppml
VARIABLES	Import	Import	Export	Export	Import	Import	Export	Export
lngdp	1.528 ***	1.480 ***	1.142 ***	1.127 ***	0.805 ***	0.789 ***	0.817 ***	0.818 ***
	(0.0377)	(0.0403)	(0.0167)	(0.0177)	(0.127)	(0.117)	(0.0944)	(0.0802)
lngdpc	0.502 ***	0.522 ***	0.845 ***	0.850 ***	0.802 ***	0.843 ***	0.813 ***	0.831 ***
	(0.146)	(0.145)	(0.0653)	(0.0641)	(0.0387)	(0.0434)	(0.0170)	(0.0179)
lndist	−2.496 ***	−2.305 ***	−1.272 ***	−1.011 ***	−1.030 ***	−0.853 ***	−0.939 ***	−0.379 **
	(0.158)	(0.250)	(0.0707)	(0.111)	(0.140)	(0.263)	(0.0876)	(0.186)
bor		−0.233		−0.00222		−0.541 ***		−0.00673
		(0.201)		(0.0891)		(0.186)		(0.112)
ASEAN		0.615 **		0.694 ***		0.513 ***		0.541 ***
		(0.249)		(0.111)		(0.128)		(0.0872)
APEC		0.184		0.303 **		0.383 *		0.766 ***
		(0.268)		(0.119)		(0.215)		(0.143)
Constant	5.177 **	3.629	−5.223 ***	−7.463 ***	−3.576 *	−5.443 **	−4.387 ***	−9.605 ***
	(2.246)	(2.805)	(1.007)	(1.244)	(2.003)	(2.691)	(1.398)	(1.956)
Time effect	YES	YES	YES	YES	YES	YES	YES	YES
R − squared	0.668	0.674	0.870	0.875	0.407	0.538	0.753	0.791

数据来源：运用 Stata 软件计算结果。

由于异方差的存在，采取 PPML 是比较可取的方法，最后得到的方程如下：

i 为选定的 61 个经济体，t = 1995，1996，…，2012。

$$
\begin{aligned}
\text{lnimp}_{it} = &-5.443 + 0.789 \text{lngdp}_{it} + 0.843 \text{lngdpc}_t - 0.853 \text{lndist}_i \\
&(2.691) \quad (0.117) \quad\quad (0.0434) \quad\quad (0.263) \\
&-0.541 \text{bor}_i + 0.513 \text{asean}_i + 0.383 \text{apec}_i + \varepsilon_{it} \\
&(0.186) \quad\; (0.128) \quad\quad (0.215)
\end{aligned} \tag{4.7}
$$

$$
\begin{aligned}
\text{lnexp}_{it} = &-9.605 + 0.818 \text{lngdp}_{it} + 0.831 \text{lngdpc}_t - 0.379 \text{lndist}_i \\
&(1.956) \quad (0.0802) \quad\quad (0.0179) \quad\quad (0.186) \\
&+0.541 \text{asean}_i + 0.766 \text{apec}_i + \varepsilon_{it} \\
&(0.0827) \quad\quad (0.143)
\end{aligned} \tag{4.8}
$$

依据 PPML 回归结果进行分析：

根据估计结果可以认为，贸易双方 GDP 和双边贸易进出口额的大小有着显著的相关性。就中国而言，与"一带一路"区域贸易进口的收入弹性大于出口的收入弹性。代表距离的回归显著为负结果表明，距离越近，则双边贸易进出口额越大。其余的变量：是否加入东盟经济体、是否是 APEC 成员都显著为正，表明加入东盟经济体或是 APEC 成员，都对双边贸易具有促进作用；但边界变量的系数在回归中均为负，说明具有共同边界和贸易额大小为负相关关系，这有可能是因为与中国具有陆上共同边界的国家，因地理等原因，其陆运需要的贸易成本更大。具体而言，进口和出口对中国 GDP 的弹性分别为 0.843 和 0.831，也即中国经济增长 1%，进出口将分别增长 0.83% 和 0.83%。而进出口对伙伴国 GDP 的弹性分别为 0.789 和 0.818，也即伙伴国经济增长 1%，中国的进出口将分别增长 0.79% 和 0.82%。由此结果可以看出，进出口对中国和"一带一路"沿线国家的经济增长均有促进作用，且较为均衡。

将灯光数据作为 GDP 的替代量代入模型中进行考察，模型如下：

其中，sol 为灯光亮度总值。同前文的研究方法，首先做 OLS 回归并考察是否异方差性。得到结果见表 4.7 中的列（1）、列（2）、列（3）、列（4）。在存在异方差的情况下，选用 PPML 方法进行回归。最终得到方程为：

i 为选定的 61 个经济体，t = 1995，1996，…，2012。

$$\ln imp_{it} = -49.88 + 0.536\ln sol_{it} + 3.16\ln solc_t - 0.482\ln dist_i$$
$$(6.400) \quad (0.0877) \quad (0.370) \quad (0.296)$$
$$-0.577bor_i + 0.996asean_i + 0.619apec_i + \varepsilon_{it} \quad (4.9)$$
$$(0.205) \quad (0.154) \quad (0.201)$$

$$\ln exp_{it} = -55.92 + 0.546\ln sol_{it} + 3.315\ln solc_t - 0.773\ln dist_i$$
$$(5.087) \quad (0.0566) \quad (0.295) \quad (0.201)$$
$$-0.545bor_i + 0.519asean_i + 0.951apec_i + \varepsilon_{it} \quad (4.10)$$
$$(0.120) \quad (0.129) \quad (0.139)$$

根据灯光数据 PPML 的回归结果来看，各变量符号与预期一致，并和以 GDP 得到的回归结果符号方向一致。核心变量灯光总值（SOL、SOLC）为以灯光数据代替双边 GDP，得到的结果显著为正；代表双边距离的回归系数符号显著为负。并且，其他变量中，是否为东盟经济体、是否为 APEC 成员和以 GDP 得到的回归结果符号相同，并且在考察出口的回归结果中，共同边界变量十分显著，而以 GDP 得到的出口回归方程中边界变量并不显著。通过式（4.9）的模型和式（4.10）的模型回归方程可以说明，一定程度表明以灯光数据替代 GDP 进行双边贸易的考察具有较好的回归效果。

表4.7 以灯光数据为自变量 OLS 和 PPML 回归结果

VARIABLES	(1) ols Import	(2) ols Import	(3) ols Export	(4) ols Export	(5) ppml Import	(6) ppml Import	(7) ppml Export	(8) ppml Export
lnsol	1.181*** (0.0380)	1.158*** (0.0362)	0.800*** (0.0230)	0.782*** (0.0215)	0.512*** (0.0600)	0.536*** (0.0877)	0.540*** (0.0412)	0.546*** (0.0566)
lnsolc	3.590*** (0.483)	3.505*** (0.446)	3.966*** (0.295)	3.907*** (0.268)	3.291*** (0.392)	3.160*** (0.370)	3.420*** (0.325)	3.315*** (0.295)
lndist	−2.353*** (0.183)	−2.292*** (0.270)	−1.089*** (0.112)	−0.853*** (0.163)	−0.927*** (0.104)	−0.482*** (0.296)	−0.863*** (0.0731)	−0.773*** (0.201)
bor		−1.080*** (0.217)		−0.569*** (0.131)		−0.577*** (0.205)		−0.545*** (0.120)
asean		1.235*** (0.268)		1.114*** (0.162)		0.996*** (0.154)		0.519*** (0.129)
apec		1.204*** (0.282)		0.628*** (0.170)		0.619*** (0.201)		0.951*** (0.139)
Constant	−50.78*** (8.035)	−49.69*** (7.630)	−61.82*** (4.920)	−62.75*** (4.580)	−47.66*** (6.561)	−49.88*** (6.400)	−50.52*** (5.419)	−55.92*** (5.087)
Time effect	YES	YES	YES	YES	YES	YES	YES	YES
R − squared	0.558	0.624	0.674	0.733	0.352	0.437	0.625	0.629

*** $p < 0.01$，** $p < 0.05$，* $p < 0.1$

数据来源：运用 Stata 软件计算结果可得。

"一带一路"沿线经济体主要分为东北亚、中亚、东南亚、南亚、西亚北非以及中东欧六个地区，不同地区各因素的影响程度不一。为更好地探究灯光数据对 GDP 的替代效果，本章选择与中国不具有共同边界的西亚北非地区，不属于 APEC 成员或东盟经济体、但部分经济体与中国享有共同边界的南亚地区，以及部分国家属于东盟或 APEC 成员的东南亚地区进行 PPML 回归，得到的结果见表 4.8 和表 4.9。其中，GDP 的回归结果见列（1）、列（3）、列（5），灯光数据为列（2）、列（4）、列（6）。

从回归结果可以看出，以 GDP 进行回归和以灯光数据替代 GDP 的回归各变量系数的符号一致，并且以灯光数据的回归结果显著性增强。总体来看，无论是 GDP 的回归结果或是以灯光数据替代 GDP 的回归结果都表明，中国和各地区的 GDP 都对双边贸易额有显著的促进作用，不同地区的促进作用略有不同；且双面贸易额的大小受距离限制。具体而言，中国 GDP 增长 1%，那么中国与东南亚、南亚、西亚北非的进口将分别增长 0.81%、0.7% 和 1.14%，出口分别增长 0.76%、0.77% 和 0.75%。

分地区来看，东南亚地区以灯光数据替代 GDP 的回归结果表明，若该地区的经济体属于 APEC 成员经济体或是东盟经济体，则对中国与之的进出口有显著的促进作用，边界变量为负，则可能为贸易成本原因。东南亚经济体中，仅缅甸、老挝、越南与中国接壤，这些经济体均属于不发达经济体，其经济规模较小，与其他东南亚经济体，如印度尼西亚、马来西亚相比，其和中国的双边贸易量较小，且通过陆路运输多为山地，运输成本高；而海运运输量大、成本小，更具有运输优势。南亚地区同理，与中国接壤的印度、尼泊尔等国，其边界位于西藏高原，气候加上地形使得以陆路运输的贸易成本高。

表 4.8 中国与各地区进口回归结果

变量	东南亚		南亚		西亚北非	
VARIABLES	GDP（1）	SOL（2）	GDP（3）	SOL（4）	GDP（5）	SOL（6）
lngdp	0.643*** (0.0748)		1.168*** (0.0524)		0.950*** (0.0950)	
lngdpc	0.807*** (0.146)		0.701*** (0.113)		1.139*** (0.186)	
lnsol		0.118 (0.0732)		1.359*** (0.0987)		0.805*** (0.0755)
lnsolc		2.984*** (0.448)		3.192*** (0.100)		4.492*** (0.580)

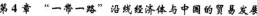

续表

变量	东南亚		南亚		西亚北非	
VARIABLES	GDP (1)	SOL (2)	GDP (3)	SOL (4)	GDP (5)	SOL (6)
lndist	-0.146 (0.362)	-1.165*** (0.390)	-0.163 (0.300)	-3.302*** (0.364)	-5.942*** (1.002)	-4.355*** (0.934)
bor	-0.537** (0.226)	-0.981*** (0.264)	-0.961*** (0.170)	-0.662* (0.371)		
apec	0.190 (0.131)	0.423* (0.223)				
asean	1.088*** (0.370)	2.226*** (0.457)				
Constant	-12.50*** (3.535)	-56.22*** (7.918)	-15.98*** (2.896)	-40.35*** (3.239)	33.68*** (9.636)	-41.53*** (13.68)
Time effect	YES	YES	YES	YES	YES	YES
R - squared	0.564	0.498	0.996	0.992	0.545	0.602

*** $p < 0.01$, ** $p < 0.05$, * $p < 0.1$

数据来源：运用 Stata 软件计算结果。

表4.9　　　　　　　　中国与各地区出口回归结果

变量	东南亚		南亚		西亚北非	
VARIABLES	GDP (1)	SOL (2)	GDP (3)	SOL (4)	GDP (5)	SOL (6)
lngdp	0.725*** (0.0654)		0.975*** (0.0135)		0.917*** (0.0302)	
lngdpc	0.763*** (0.145)		0.770*** (0.145)		0.752*** (0.132)	
lnsol		0.186** (0.0732)		1.021*** (0.0370)		0.608*** (0.0410)
lnsolc		2.898*** (0.490)		3.669*** (0.471)		3.439*** (0.461)
lndist	-0.117 (0.334)	-0.697* (0.371)	-0.926*** (0.143)	-2.934*** (0.204)	-0.723 (0.676)	-0.265 (0.749)
bor	-0.219 (0.216)	-0.338 (0.238)	-0.491*** (0.0544)	-1.509*** (0.149)		

变量	东南亚		南亚		西亚北非	
VARIABLES	GDP (1)	SOL (2)	GDP (3)	SOL (4)	GDP (5)	SOL (6)
apec	0.167 (0.126)	0.537 *** (0.209)				
asean	0.288 (0.305)	1.269 *** (0.416)				
Constant	−9.610 *** (3.237)	−50.90 *** (8.330)	−5.662 ** (2.259)	−43.90 *** (7.962)	−6.610 (5.858)	−57.11 *** (9.491)
R − squared	0.627	0.498	0.998	0.995	0.710	0.465
Time effect	YES	YES	YES	YES	YES	YES

*** $p < 0.01$，** $p < 0.05$，* $p < 0.1$

数据来源：运用 Stata 软件计算可得。

最后，本章以灯光数据作为工具变量并以 2SLS 方法估计 GDP 系数进行考察。将灯光数据作为工具变量不仅满足了作为 GDP 有效工具变量的两个标准（与 GDP 高度相关，且和原始方程中的误差项存在相关的可能性不大）。此外，灯光数据还具有自身特有的优势——易于获取并且数据时序性较强，并可以分析不同的区域范围。

以"一带一路"沿线国家与中国贸易的出口为例，得到的结果见表 4.10。可以看到，灯光数据作为工具变量进行 2SLS 回归检验，弱工具变量检验结果为 1254.485，拒绝了灯光数据是弱工具变量的假设。并且距离和共同边界、是否是东盟经济体以及是否为 APEC 成员经济体的结果都显著为正，与前文中得到的相关变量回归符号相同。根据回归结果，"一带一路"经济体 GDP 增长 1%，则"一带一路"经济体和中国的出口增加 1.12%，得到的方程为：

$$\ln exp_{it} = -8.195 + 1.121 \ln gdp_{it} + 0.868 \ln gdpc_t - 0.915 \ln dist_i$$
$$\quad\quad (0.868) \quad (0.0217) \quad\quad (0.0384) \quad\quad (0.0864)$$
$$\quad\quad - 0.248 bor_i + 0.674 asean_i - 0.246 apec_i + \varepsilon_{it} \quad\quad (4.11)$$
$$\quad\quad (0.0686) \quad\quad (0.109) \quad\quad (0.124)$$

i 为选定的 61 个经济体，t = 1995，1996，…，2012。

由于可获取的灯光和贸易数据在时间上为 1995 ~ 2012 年，GDP 和灯光亮度的增长率数据实际从 1996 ~ 2012 年。因此，基于第 3 章的引力方程回归结果,将分别用 GDP 及灯光数据得到的回归方程,通过对中国与"一带一路"经济体的进出口弹性进行估计,以此来拟合 1996～2012 年的双边贸易,将得到的预测贸易值与实际贸易值进行比较,以判断灯光数据作为经济指标的实用性。基于前文的回归方程式 (4.7)、式 (4.8)、式 (4.9)、式 (4.10) 及式 (4.11) 表示的模型,以贸易双方收入增速的预期,预测进出口增速。以进口方程式 (4.7) 为例,对 t 年和 t + 1 年的方程作差分,并且由于在对进出口有显著影响的变量中,只有贸易双方的收入(也即 GDP) 与时间有关。因此,进口方程式 (4.7) 的模型差分后可变为:

$$\ln(1 + \Delta imp_{i,t}/imp_{i,t}) = \lambda_1 \ln(1 + \Delta gdp_{i,t}/gdp_{i,t})$$
$$+ \lambda_2 \ln(1 + \Delta gdpc_{i,t}/gdpc_{i,t}) \quad (4.12)$$

并且在时间间隔为小量的情况下,可以转换成:

$$\frac{\Delta imp_{i,t}}{imp} = \lambda_1 \frac{\Delta gdp_{i,t}}{gdp_{i,t}} + \lambda_2 \frac{\Delta gdpc_{i,t}}{gdpc_{i,t}} \quad (4.13)$$

表4.10　　　　　　　灯光数据作为 GDP 工具变量 2SLS 回归结果

VARIABLES	lnexp	IV　Test	
lngdp	1.121 *** (0.0217)	Underidentification test	765.242
lngdpc	0.868 *** (0.0384)	p - value	0.0000
lndist	- 0.915 *** (0.0864)	Weak identification test	1254.485
bor	- 0.248 *** (0.0686)	Sargan statistic	0.000
asean	0.674 *** (0.109)	Endogeneity test	4.431
apec	- 0.246 ** (0.124)	p - value	0.1091
Constant	- 8.195 *** (0.868)		
R - squared	0.866		

*** p < 0.01, ** p < 0.05, * p < 0.1

数据来源:运用 Stata 软件计算结果。

为得到预测效果，将以 PPML 方法回归得到的参数，计算出 1996 ~ 2012 年每一年每一个国家的 GDP 增长。并以前一年的实际贸易数据乘上当年的增长预测，得到当年的进出口预测值。将回归分析中 61 个经济体的预测结果加总，得到"一带一路"地区当年的总进出口额和增速预测，与每一年的实际贸易额进行对比，见图 4.3 和图 4.4。

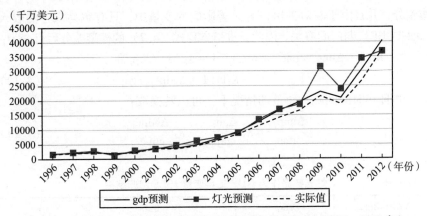

（千万美元）

图 4.3　中国与"一带一路"经济体进口预测值与实际值（1995 ~ 2012 年）
数据来源：美国国家海洋和大气局（NOAA）公布的国防气象卫星计划（DMSP/OLS）。

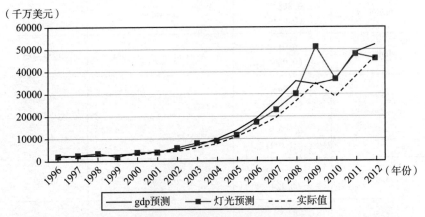

（千万美元）

图 4.4　中国与"一带一路"经济体出口预测值与实际值（1995 ~ 2012 年）
数据来源：美国国家海洋和大气局（NOAA）公布的国防气象卫星计划（DMSP/OLS）。

可以看到，在 2008 年金融危机之前，以 GDP 和灯光数据预测的进出口和实际贸易额符合得比较良好，也即中国与"一带一路"经济体的进出口增长基本按照各国收入的增长而增长。而灯光数据的拟合效果和 GDP 以及实际贸易值的走势基本吻合,进一步表明,其作为经济指标具有较为良好的使用效果,可以作为 GDP 数据的补充。但 2008~2009 年全球金融危机爆发时,通过 GDP 预测的贸易值和实际贸易值均下降的情况下,以灯光进行预测的贸易值呈现上升态势,这一方面也说明灯光数据的不足。

以灯光数据替代 GDP 进行回归分析的结果中,灯光数据替代 GDP 进行引力模型回归结果符号方向基本一致,并且在分地区考察中,以灯光数据替代 GDP 进行考察提升了回归的显著性。此外,灯光数据作为工具变量的实证结果表明,在考察中国对"一带一路"经济体的出口贸易中,灯光数据可以作为工具变量,有效地解决贸易引力模型中的内生性问题。最后,通过灯光数据和 GDP 对中国与"一带一路"国家进出口贸易预测与实际值对比发现,以灯光数据的贸易预测值与实际值走势基本吻合,拟合效果良好,也存在一定不足。灯光是由经济发展带来的,虽然经济发展会反映在灯光亮度上,但灯光不会随着经济的停滞或放缓而马上消失,具有一定的滞后性。并且,实际进出口除了受经济增长的稳定影响,还受到各种政治、文化和历史事件的随机影响,这些影响存在于方程的误差项中,拟合的预测值与实际值很难完全吻合。

4.5 结论与启示

"一带一路"经济体灯光数据与 GDP 的相关性检验以及引力模型的结果表明,灯光数据与 GDP 具有显著的正相关性,在替代性考察中,回归结果与预期一致,并与 GDP 进行回归得到的结果基本吻合,可认为灯光数据可作为经济指标运用于中国与"一带一路"经济体贸易分析之中。以灯光数据预测的贸易值基本与实际贸易值吻合,但当存在如金融危机等事件发生时,灯光数据对经济的反映存在一定的滞后性。并且,灯光数据作为工具变量的回归结果证明,在研究"一带一路"的出口贸易引力模型中可以有效解决由 GDP 带来的解释力不足的问题。本章通过引力模型初步构建了灯光数据对贸易研究的可行性,拓展性的延伸研究可以结合引力模型的最新发展从微观层面分析展开拓展性的相关研究。

第5章

国外宏观经济政策的溢出效应分析

5.1 引　言

政策的相关性或协调性研究始于对最优货币区衡量标准的探索。简而言之，对于一个区域来说，当实行一种共同货币或共同货币政策是其最佳选择时，那么，这个区域就是最优货币区。近期有关最优货币区的研究强调单一货币的形成其本身可能会影响主要的最优货币区衡量标准（Frankel and Romer，1996）。这类研究被称为最优货币区内生性分析。而与本章直接相关的是关于国外扩张性宏观经济政策如何影响宏观经济波动同步程度的分析。

为了解释国外经济快速增长对国内 GDP 的影响，普遍采用蒙代尔—弗莱明（Mundell – Fleming）的 IS – LM 模型作为经典模型进行理论分析。以下分析从均衡状态着手。起始均衡点为 A，国际收支为 0。用代数的方法，在灵活汇率制度下，国际收支（BOP）等于经常账户（CA）与资本账户（KA）的总和，即 BOP = CA + KA = 0。而在固定汇率制度下，BOP = CA + KA + dR，dR 在冲销式干预和非冲销式干预的情形中都表示用于官方支付的国际储备的变化。但是，在没有冲销式干预的情况下，均衡点的 dR 等于 0。R 是内生性的，是到达新的均衡点前的国际储备变化，但是，到达均衡点后，国际储备不会再发生进一步变化，这是固定汇率制度下"自动"调节的重要特点。当实行冲销政策时，国际储备在均衡点继续变化，因为中央银行关闭了自动调节机制。图 5.1、图 5.2、图 5.3、图 5.4、图 5.5、图 5.6、图 5.7、图 5.8，IS 曲线、LM 曲线、BP 曲线在点 A 相交。无"＊"号的符号表示国内项目，有"＊"号的符号表示国外项目。

IS – LM – BP 模型（假定价格 P 不变）。

本模型的所有注解中国外项目加 "＊" 号。

IS 曲线方程：注入 = 流出

$$I(i) + G + X(Y^*, e) = S(Y) + T + M(Y, e) \qquad (5.1)$$

LM 曲线方程：货币供应 Ms = 货币需求 Md

$$H/P = L(Y, i) \qquad (5.2)$$

$$Ms = mm \times H = mm \times (D + R) \qquad (5.3)$$

BOP 曲线方程：

$$BOP = CA + KA = (X - M) + KA = X(Y^*, e) - M(Y, e) + KA(i - i^*) \qquad (5.4)$$

在固定汇率制度下，

$$BOP \; will \; extend \; to \; BOP = CA + KA + dR \qquad (5.5)$$

有冲销政策时，dR = 0，BOP = CA + KA

注释：

I(i)：国内投资是国内利率的函数。

G：政府支出。

X(Y^*, e)：出口支出总值是国外产出和汇率的函数。

S(Y)：国内储蓄是国内产出的函数。

M(Y, e)：进口支出总值是国内产出和汇率的函数。

T：税收。

H：高能货币，高能货币 H = 国际储备 R + 国内信贷 D。

Ms：货币供应，货币供应 Ms = 货币乘数 × 高能货币 = mm × H = mm × (R + D)。

Md：货币需求，国内产出和汇率的函数，货币需求 = L(Y, i)。

CA：经常账户 = 出口 – 进口 = X(Y^*, e) – M(Y, e)。

KA：资本账户是国内汇率与国外汇率差异的函数。

e：实际汇率。

价格不变时，名义汇率 = 实际汇率 ×（国外价格除以国内价格）= 实际汇率 = e.

5.2 国外的财政扩张政策（F. P.＊）

随着国外政府支出 G^* 的增加（或 T^* 的降低、或 G^* 和 T^* 都降低），

IS*曲线向右移动，Y*增加且i*增加。当IS*曲线方程左边的注入增加，或者IS*曲线方程右边的流出减少时，IS*曲线向右移动。这是因为注入增加时，要有更高水平的收入才能使以储蓄和进口增加形式的流出也相应地增加，而储蓄和进口自动下降时，也需要IS*曲线向右移动，因为要有更高水平的收入才能产生更多的储蓄和进口支出，从而维持相等的流出和注入（Pilbeam，2003）。

我们知道，国外财政扩张会增加国外产出Y*和国外利率i*。一方面，随着国外产出Y*的增加，由于X=f(Y*，e)，国内出口总值会升高，所以国内经常账户CA=X-M会增加，那么dCA>0。另一方面，随着国外利率i*从i_0^*增长到i_1^*，国内资本账户KA外流会增加。国内资本账户KA内流净值与（i-i*）呈正相关，所以dKA(i-i*)<0。

在资本流动性较低的情况下，dCA>0相较dKA<0占支配地位，则dBOP>0，而dBOP*<0。国内货币将面临升值的压力。国内产出Y和国内利率i的变化同样取决于国外汇率政策。在图5.1中，IS曲线从IS_0移动至IS_1，BOP从BOP_0移动至BOP_1（注意：汇率i不变时，BOP曲线的移动距离比IS曲线更大，这一点在图5.1中将予以证明）。在IS曲线和LM曲线交汇的C点，国内利率过高，无法到达BOP=0的均衡水平。IS_1和LM_0的交点在BOP_1曲线的右侧，这表示BOP>0。

在固定汇率的制度下，BOP=CA+KA+dR，国际储备R增加，没有冲销式干预时，dR=0，BOP=CA+KA。在调整期内，国际储备增加，货币存量增加。同时，货币供应Ms=mm*(R+D)增加，LM曲线从LM_0移动至LM_1，IS_1曲线和BOP_1曲线交汇，达到新均衡点B。当货币供应增加时，LM从LM_0向右移动至LM_1。在一定利率条件下，收入增加将导致货币的交易需求增大，货币供应增加则会继续维持。国内产出Y会从Y_0增长至Y_1，而国内利率i会从i_0降低至i_1。在这种情况下，Y*增加会使Y也增加，Y*和Y将呈正相关。

这样一来，当资本流动低且汇率固定时，国外的财政扩张政策会使国内产出增加，促进经济周期的同步。

有冲销和无冲销：

冲销是国外汇率市场中的一种干预政策，用来抵消公开市场操作的效果，从而防止某种汇率市场干预行为改变货币基数。有冲销式干预时，购买外汇总是伴有同等价值规模的国内债券，反之亦然（Deardorff，2006）。

国内市场汇率固定且资本流动性低时，国外汇率市场上的冲销式干预和非冲销式干预会影响国外财政扩张（F. P. *）对国内经济的溢出效果。

对于国内经济来说，因为 BOP > 0，国内货币将面临升值的压力。在固定汇率政策下，为了维持固定的汇率，政府会用国内债券或国内货币从国外汇率市场购买国际储备 R，从而国际储备 R 会增加。

没有冲销式干预时，政府允许干预带来的国际储备 R 变化影响货币基数。在这种情况下，货币基数会随着国际储备 R 的上涨而增大。与此同时，货币供应 Ms 也会增加。$Ms = mm * B = mm * H$，$B = H = R + D$，其中，Ms 指货币供应，B 指货币基数，H 指高能货币，R 指国外的国际储备，D 指货币供应的国内部分。在图 5.1 中，曲线 LM_0 会从移动至 LM_1 并在 LM_1 处保持稳定。在新的均衡点 B，Y 会从 Y_0 增加至 Y_1，而 i 也会从 i_0 降低至 i_1。

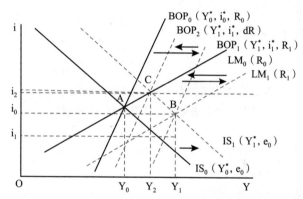

图 5.1　资本流动性低且汇率固定的国内市场中

国外财政扩张 F. P. * 机制的 IS – LM 模型

有冲销式干预时，政府会冲销国外汇率市场上其干预对货币基数的影响，以确保因干预带来的国际储备 R 增加不会影响国内货币基数，LM_1 将返回至 LM_0。因此，有冲销式干预时，自主性交易中的失调会持续，被官方储备交易冲销。在新的均衡点 C，Y 会从 Y_0 增加至 Y_2，而 i 也会从 i_0 增加至 i_2。

因此，资本流动性低且汇率固定时，无论有没有冲销式干预，国外的财政扩张政策都会使国内产出增加，促进经济周期的同步。

当汇率浮动时，LM 曲线固定不动，而国内货币会因 BOP > 0 而升值。在图 5.2 中的 B 点，由固定不动的 LM_0 曲线和 IS_1 曲线的交点决定的国内

汇率 i_1 过高，无法达到均衡水平，从而使 BOP = 0，也就是说在 B 点，BOP > 0。由于国外汇率上涨，出口 X 会降低，而进口 M 会升高。IS 曲线从 IS_1 向左移动至 IS_2。同时，曲线 BOP 也会从 BOP_1 向左移动至 BOP_2。在新的均衡点 C，国内产出 Y 会从 Y_0 增加至 Y_2。国内利率也会相应地从 i_0 增加至 i_2。这样一来，Y^* 增加使 Y 也增加，Y^* 和 Y 呈正相关。

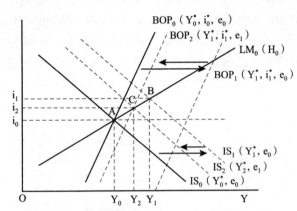

图 5.2　资本流动性低且汇率浮动的国内市场中国外财政扩张 F. P. * 机制的 IS – LM 模型

因此，资本流动性低且汇率浮动时，国外的财政扩张政策会使国内产出增加，促进经济周期的同步。

在资本流动性较高的情况下，dKA < 0 相较 dCA > 0 占支配地位，则 dBOP < 0。国内货币将面临贬值的压力。国内产出 Y 的变化同样取决于国外汇率政策。在图 5.3 中，IS 曲线从 IS_0 移动至 IS_1，而 BOP 曲线从 BOP_0 移动至 BOP_1。IS_1 和 LM_0 的交点在 BOP_1 曲线的右侧，表示 BOP < 0。在 B 点，由 IS_1 曲线和 LM_0 曲线的交点决定的国内汇率过低，无法维持国际收支均衡（BOP = 0），因此，在 B 点，BOP < 0。

在固定汇率制度下，BOP = CA + KA + dR，没有冲销式干预时，dR = 0，BOP = CA + KA，国际储备 R 下跌至较低水平，且国际储备水平不影响 BOP 曲线。货币供应 Ms = mm * (D + R) 增加，LM 曲线从 LM_0 向左移动至 LM_1。在均衡点 C，国内产出 Y 从 Y_0 增加至 Y_2，国内利率相应地从 i_0 上升至 i_2。在这种情况下，Y^* 增加也使 Y 增加，Y^* 和 Y 呈正相关。

因此，资本流动性高且汇率固定时，在没有冲销式干预的情况下，国外的财政扩张政策会使国内产出增加，促进经济周期的同步。

对于国内经济来说，因为 BOP < 0，国内货币将面临贬值的压力。在固定汇率政策下，为了维持固定的汇率，政府会出售国际储备 R，购买国内货币，从而国际储备 R 和高能货币 H 会减少。前面叙述了资本流动程度较低的情况下，固定汇率制度有冲销与没有冲销操作对最终结果的影响。当资本流动程度较高的时候，同样需要考虑固定汇率制度下有冲销与无冲销的不同影响。在没有冲销式干预时，政府允许干预带来的国际储备变化影响货币基数。在这种情况下，随着国际储备 R 的减少，货币基数和高能货币 H 会降低。同时，货币供应 Ms 也会减少。在图 5.3 中，曲线 LM_0 会移动至 LM_1 并在 LM_1 处保持稳定。C 点表示新的均衡状态。在新的均衡点 C，Y 会从 Y_0 增加至 Y_2，而 i 也会相应地从 i_0 增加至 i_2。

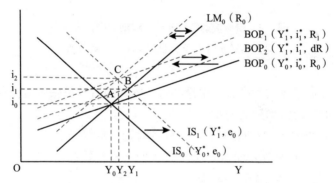

图 5.3　资本流动性高且汇率固定的国内市场中
国外财政扩张 F. P. * 机制的 IS – LM 模型

有冲销式干预时，国际储备水平持续下降（dR < 0），政府会冲销国外汇率市场上其干预对货币基数的影响，以确保因干预带来的国际储备 R 减少，不会影响国内货币基数。LM_1 会返回至 LM_0。在新的均衡点 B，Y 会从 Y0 增加至 Y_1，而 i 也会相应地从 i_0 增加至 i_1。

因此，当资本流动性高且汇率固定时，无论有没有冲销式干预，国外的财政扩张政策都会使国内产出增加，促进经济周期的同步。

汇率浮动时，LM 曲线固定不动，由于 BOP < 0，国内货币会贬值，表示汇率变化对国内价格并没有大的反馈效应，从而引起实际货币供应的重大变化。出口 X 会上涨，而进口 M 则会降低。在图 5.4 中，IS 曲线会进一步从 IS_1 移动至 IS_2。与此同时，BOP 曲线向右移动。国内产出 Y 会从 Y_0 增长至 Y_2，而国内利率 i 会相应地从 i_0 增长至 i_2。在这种情况下，Y^*

增加会使 Y 也增加，Y^* 和 Y 将呈正相关。

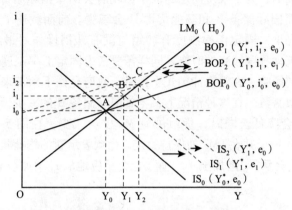

图 5.4　资本流动性高且汇率浮动的国内市场中
国外财政扩张 F. P. * 机制的 IS – LM 模型

因此，资本流动性高且汇率浮动时，国外的财政扩张政策会使国内产出增加，促进经济周期的同步。

关于 BOP 和 IS 曲线相对移动程度的讨论：

分别取 BOP 曲线方程和 IS 曲线方程的一阶导数：

IS 曲线：　　$dX - dM - dS = 0$

$X_{Y*}(dY^*) - M_Y(dY) - S_Y(dY) = 0$, where $X_{Y*} = \partial X / \partial Y^*$

$(M_Y + S_Y)dY = X_{Y*}(dY^*)$

$dY/dY^* = X_{Y*}/(M_Y + S_Y)$

BOP 曲线：$dX - dM = 0$

$X_{Y*}(dY^*) = M_Y(dY)$

$dY/dY^* = X_{Y*}/M_Y$

按照假设，边际储蓄倾向为正，即 $S_Y > 0$。

则 $X_{Y*}/(M_Y + S_Y) < X_{Y*}/M_Y$。BOP 曲线的移动距离比 IS 曲线更大。

5.3　国外货币扩张政策 (M. P. *)

国外货币供应 Ms^* 增加，LM^* 曲线会向右移动，使 Y^* 增加，i^* 减少。一方面,当国外产出 Y^* 从 Y_0^* 增加到 Y_1^*,由于 $X = f(Y^*, e)$,国内出口也会上涨,所以国内货币账户 $dCA > 0$。另一方面,随着国外利率 i^* 从 i_0^* 降低至 i_1^*,国内资本账户 KA 外流会增加,$KA = KA(i - i^*)$,所以 $dKA > 0$。

无论货币流动性如何,$BOP > 0$,国外货币面临增值的压力。对于国内经济来说,在图 5.5 和图 5.6 中,由于 $dCA > 0$,IS 曲线从 IS_0 向右移动至 IS_1,同时,BOP 曲线从 BOP_0 移动至 BOP_1。IS_1 和 LM_0 的交点在 BOP_1 曲线的右侧,这表示 $BOP > 0$。

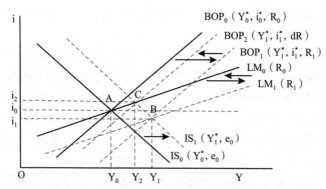

图 5.5 资本流动性低且汇率固定的国内市场中

国外货币扩张 M. P.* 机制的 IS – LM 模型

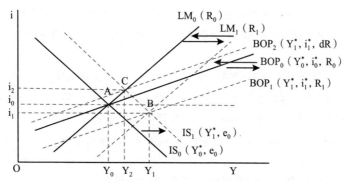

图 5.6 资本流动性高且汇率固定的国内市场中

国外货币扩张 M. P.* 机制的 IS – LM 模型

在固定汇率制度下，没有冲销式干预时，政府会从国外汇率市场购买国际储备 R 以维持稳定的汇率。随着国际储备 R 的增加，货币供应 Ms = mm * H = mm * (R + D) 也会增加。LM 曲线从 LM_0 向右移动至 LM_1，然后，国内产出 Y 从 Y_0 增加至 Y_1。在这种情况下，Y^* 和 Y 将呈正相关。

因此，汇率固定时，无论有没有冲销式干预，国外的财政扩张政策都会使国内产出增加，促进经济周期的同步。

具体而言，当汇率固定时，国外汇率市场上的冲销式干预和非冲销式干预都会影响国外货币扩张（$M.P.^*$）的溢出效果。

国际收支出现顺差时，表示国外汇率市场中存在对国内货币过剩的需求，汇率面临上涨的压力。为了维持稳定的汇率，政府不得不用国内债券或国内货币购买国际储备 R。

没有冲销式干预时，政府允许干预带来的国际储备 R 变化影响货币基数。在这种情况下，货币基数会随着国际储备 R 的上涨而增大。与此同时，由于 Ms = mm * H = mm * (R + D)，货币供应 Ms 也会增加。在图 5.5 和图 5.6 中，曲线 LM_0 从移动至 LM_1。国内产出 Y 会从 Y_0 增长至 Y_1，而国内利率 i 也会从 i_0 降低至 i_1。没有冲销式干预时，新的均衡点是 B 点。

有冲销式干预时，政府会冲销国外汇率市场上其干预对货币基数的影响，以确保因干预带来的国际储备 R 增加不会影响国内货币基数。LM_1 将返回至 LM_0。在新的均衡点 C，Y 会从 Y_0 增加至 Y_2，而 i 也会从 i_0 增加至 i_2。

因此，在汇率固定的情况下，无论资本流动性如何，无论有没有冲销式干预，国外的财政扩张政策都会使国内产出增加，促进经济周期的同步。

当汇率浮动时，无论资本流动性如何，因为 BOP > 0，国内货币会增值。而国内出口会降低，进口会增加。IS 曲线会从 IS_1 向左移动至 IS_2，国内产出下降。同时，曲线 BOP 会从 BOP_1 向左移动至 BOP_2（见图 5.7 和图 5.8）。在新的均衡点 C，国内产出 Y 会从 Y_0 降低至 Y_2。同样地，国内利率会从 i_0 降低至 i_2。

因此，在纯 IS – LM 模型中，汇率浮动的情况下，国外货币扩张会引起国内的货币升值，使国内 IS 曲线移动，降低国内产出，从而产生紧缩效应。这是国外货币扩张在两国产生相反效应的唯一情况。

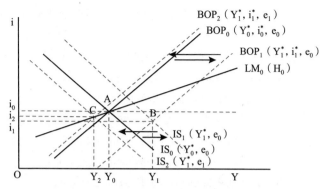

图 5.7　资本流动性低且汇率浮动的国内市场中
国外货币扩张 **M. P.** * 机制的 **IS－LM** 模型

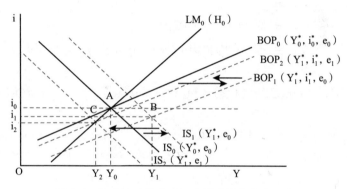

图 5.8　资本流动性高且汇率浮动的国内市场中
国外货币扩张 **F. P.** * 机制的 **IS－LM** 模型

5.4　实证数据研究

　　通常来说，影响经济周期协动性至少有四种渠道：产业间贸易、产业内贸易（垂直贸易和水平贸易）、需求外溢、政策协调。此外，资本流动也可能是相关的因素。产业间贸易表明，贸易额增加会降低经济周期波动的同步，而其他三种渠道则表明贸易额增加会促进经济周期波动的同步。

　　根据东亚经济体的出口型发展道路以及贸易伙伴间溢出效应的讨论，本章选取 9 个东亚经济体，其中，包括 7 个新兴经济体（中国、新加坡、马来西亚、韩国、菲律宾、泰国、马来西亚、印度尼西亚），1 个工业国家（日本）和印度（印度经济增长速度惊人），还选取了美国和欧元区国家（奥地利、芬兰、法国、德国、爱尔兰、意大利、荷兰、西班牙）。

实证估算框架基于以下方程：

$$
\begin{aligned}
Syn(i, j)_t = \alpha_0 &+ \alpha_1 \times \text{Trade Intensity}(i, j)_t \\
&+ \alpha_2 \times \text{Intra} - \text{Industry Trade}(i, j)_t \\
&+ \alpha_3 \times \text{Fiscal Policy Correlations}(i, j)_t \\
&+ \alpha_4 \times \text{Monetary Policy Correlations}(i, j)_t \\
&+ \alpha_5 \times \text{Exchange Rate Movement}(i, j)_t + \varepsilon_{ijt}
\end{aligned}
\tag{5.6}
$$

$$
\text{Intra} - \text{trade Intensity} = \text{IIT} * \text{Trade Intensity} \tag{5.7}
$$

$$
\text{Inter} - \text{trade Intensity} = (1 - \text{IIT}) * \text{Trade Intensity} \tag{5.8}
$$

其中，经济周期同步程度用两个经济体之间 GDP 周期成分的同期双边相关系数进行计算：

$$
\begin{aligned}
Corr(i, j)_t &= Corr(GDP_{it}, GDP_{jt}) \\
&= cov(GDP_{it}, GDP_{jt}) / [var(GDP_{it}) * var(GDP_{jt})]^{1/2}
\end{aligned}
\tag{5.9}
$$

$$
Syn(i, j)_t = Corr_{trans, ijt} = (1/2) * \ln[(1 + corr(i, j)_t) / (1 - corr(i, j)_t)]
\tag{5.10}
$$

本章使用的是 Fiscal Policy Correlations(i, j) t = Corr[Govspendingit/GDP$_{it}$, Govspending$_{jt}$/GDP$_{jt}$]，即经济体 i 和经济体 j 之间一般政府最终消费支出与 GDP 比率的去趋势值相关性，而非 Fiscal Policy Correlations$_{(i,j)t}$ = Corr[$(G_{it} - T_{it})/Y_{it}$, $(G_{jt} - T_{jt})/Y_{jt}$]，前者估算的是财政变量变化的活跃部分，这才是相关的因素。

Monetary policy correlations$(i, j)_t$ 等于每对经济体的广义货币或年度增长率 M_2 的相关系数。汇率变动用名义双边汇率稳定性计算，用其标准差除以平均数（Nguyen, 2007）：

$$
\text{Exchange Rate Movement} = \text{Standard Deviation}(NER_{ijt}) / \text{Mean}(NER_{ijt})
\tag{5.11}
$$

其中，NER_{ijT} 表示经济体 i 和经济体 j 在时期 T 内的名义双边汇率。通过与美元的汇率换算计算名义双边汇率。汇率变动用其标准差计算，并且由于更稳定（波动较少）的汇率很可能会带来更高的同步性，该系数值会是负数。

实证分析结果（表 5.1a、表 5.1b、表 5.2a、表 5.2b）表明，在多数

表5.1a　11个亚洲经济体、美国和欧元区国家之间贸易对经济周期协同性的影响（线性去趋势和混合回归）

变量	1	2	3	4	5	6	7	8	9	10	11	12
wx	0.226*** (2.62)						0.192** (2.22)			0.183** (2.11)		
wm		0.231*** (2.65)						0.194** (2.20)			0.185** (2.10)	
wt			0.281*** (2.99)						0.237** (2.49)			0.229** (2.41)
IIT_2				0.412*** (2.54)								
IIT_3					0.542*** (2.71)		0.483** (2.37)	0.468*** (2.28)	0.450** (2.19)			
IIT_4						0.669*** (2.84)				0.628** (2.55)	0.614** (2.48)	0.595** (2.41)
FP corr	0.137** (1.98)	0.146** (2.11)	0.132* (1.90)	0.154** (2.27)	0.160** (2.34)	0.165** (2.42)	0.151** (2.20)	0.156** (2.26)	0.146** (2.11)	0.156** (2.27)	0.162** (2.34)	0.152** (2.19)
MP corr	0.123 (1.38)	0.090 (1.01)	0.115 (1.29)	0.052 (0.69)	0.07 (0.79)	0.078 (0.89)	0.081 (0.91)	0.052 (0.57)	0.077 (0.86)	0.091 (1.03)	0.062 (0.70)	0.086 (0.97)

续表

变量	1	2	3	4	5	6	7	8	9	10	11	12
NER movement	-1.212*** (-3.42)	-1.182*** (-3.31)	-1.152*** (-3.24)	-1.243*** (-3.56)	-1.179*** (-3.34)	-1.099*** (-3.15)	-1.064*** (-2.99)	-1.050*** (-2.93)	-1.027*** (-2.88)	-0.982*** (-2.72)	-0.969*** (-2.67)	-0.947*** (-2.62)
constant	0.444*** (5.96)	0.461*** (6.28)	0.431*** (5.75)	0.296*** (2.96)	0.289*** (2.88)	0.273*** (2.68)	0.279*** (2.76)	0.299*** (2.94)	0.281*** (2.77)	0.255** (2.45)	0.273*** (2.61)	0.255** (2.45)
#of obs.	193	193	192	197	197	198	193	192	192	193	192	192
R^2	0.1439	0.1447	0.1526	0.1437	0.1456	0.1478	0.1689	0.1681	0.1739	0.1728	0.1722	0.1782
Adjusted R^2	0.1257	0.1265	0.1345	0.1165	0.1278	0.1302	0.1467	0.1457	0.1517	0.1506	0.1499	0.1561
Root MSE	0.52823	0.52888	0.52681	0.52579	0.52366	0.52171	0.52185	0.52336	0.52153	0.52064	0.52207	0.52019

注：(1) 因变量是在四个子时段，即 1976～1984 年（第一阶段），1985～1996 年（第二阶段），1999～2007 年（第三阶段）和 2008～2016 年（第四阶段），任意两个国家间的实际 GDP 相关系数（欧元区作为一个整体）。表中的结果第 1 栏、第 2 栏与第 3 栏中基于出口、进口和总贸易额对贸易强度系数 wx、wm、wt 作出界定。产业间贸易系数 IIT2、IIT3、IIT4 的界定在表中的结果第 4 栏中，分别基于国际贸易易标准分类的二位码、三位码、四位码分类。(2) 三个新增的控制回归因子：FP corr、MP corr、RER 协动性是财政政策相关性、货币政策相关性和名义（实际）汇率协动性的系数。(3) 括号里的值是 t 比率。"*"、"**"、"***"分别指估算系数在 10%、5% 和 1% 的水平上显著。

表 5.1b　11 个亚洲经济体、美国和欧元区国家之间贸易对经济周期协同性的影响（线性去趋势和面板回归：固定效应）

变量	1	2	3	4	5	6	7	8	9	10	11	12
wx	0.267 (1.26)						0.059 (0.27)			0.089 (0.42)		
wm		0.267 (1.30)						0.100 (0.48)			0.068 (0.32)	
wt			0.295 (1.30)						0.093 (0.41)			0.114 (0.50)
IIT_2				0.612*** (3.68)								
IIT_3					0.862*** (3.40)		0.843*** (3.11)	0.842*** (3.11)	0.847*** (3.12)			
IIT_4						1.019*** (3.17)				1.051*** (3.09)	1.053*** (3.03)	1.045*** (3.07)
FP corr	0.142 (1.42)	0.140 (1.38)	0.142 (1.40)	0.143* (1.58)	0.157* (1.67)	0.165* (1.74)	0.163* (1.69)	0.157 (1.61)	0.157 (1.60)	0.168* (1.74)	0.168 (1.71)	0.168* (1.71)
MP corr	0.183 (1.50)	0.174 (1.41)	0.171 (1.38)	0.132 (1.27)	0.123 (1.07)	0.112 (0.96)	0.131 (1.10)	0.131 (1.09)	0.133 (1.11)	0.131 (1.10)	0.126 (1.05)	0.126 (1.05)

续表

变量	1	2	3	4	5	6	7	8	9	10	11	12
NER movement	-0.691 (-1.40)	-0.670 (-1.35)	-0.650 (-1.29)	-0.82 (-0.94)	-0.430 (-0.95)	-0.444 (-0.96)	-0.426 (-0.88)	-0.378 (-0.77)	-0.379 (-0.77)	-0.365 (-0.75)	-0.369 (-0.75)	-0.345 (-0.70)
constant	0.346*** (3.46)	0.368*** (3.80)	0.338*** (3.31)	0.036 (0.32)	0.059 (0.47)	0.072 (0.54)	0.066 (0.50)	0.063 (0.47)	0.054 (0.41)	0.048 (0.35)	0.055 (0.40)	0.045 (0.33)
#of obs.	193	193	192	197	197	198	193	192	192	193	192	192
R^2_within	0.0867	0.0882	0.0870	0.1687	0.1586	0.1473	0.1592	0.1613	0.1608	0.1586	0.1575	0.1586
R^2_between	0.2404	0.2556	0.2726	0.0807	0.0814	0.0811	0.1113	0.1217	0.1184	0.1123	0.1094	0.1220
R^2_overall	0.1329	0.1323	0.1429	0.1092	0.1181	0.1281	0.1317	0.1343	0.1349	0.1465	0.1429	0.1502
Sigma_e	0.5525	0.5532	0.5546	0.5123	0.5261	0.5307	0.5325	0.5340	0.5342	0.5326	0.5352	0.5349
Sigma_u	0.3297	0.3267	0.3237	0.3786	0.3602	0.3576	0.3562	0.3545	0.3550	0.3589	0.3593	0.3567
rho	0.2626	0.2586	0.2542	0.3217	0.3192	0.3122	0.3092	0.3059	0.3063	0.3122	0.3107	0.3078

注：（1）因变量量是在四个子时段，即 1976～1984 年（第一阶段），1985～1996 年（第二阶段），1999～2007 年（第三阶段）和 2008～2016 年（第四阶段），任意两个国家间的实际 GDP 相关系数（欧元区作为一个整体）。表中的结果第 1 栏，第 2 栏与第 3 栏中基于出口、进口和总贸易额对贸易强度系数 wx、wm、wt 作出界定。产业间贸易系数 IIT2、IIT3、IIT4 的界定基于国际贸易标准分类的二位码、三位码、四位码分类。（2）三个薪增的控制回归因子：FP corr、MP corr 和 NER（RER）协动性是财政政策相关性、货币政策相关性和名义（实际）汇率协动性的系数。（3）括号里的值是 t 统计量。“*”、“**”、“***”分别指估算系数在 10%、5% 和 1% 的水平上显著。

表5.2a　11个亚洲经济体、美国和欧元区国家之间贸易对经济周期协同性的影响
（HP滤波去趋势和混合回归）

变量	1	2	3	4	5	6	7	8	9	10	11	12
wx	0.187** (2.26)						0.167** (2.00)			0.146* (1.75)		
wm		0.199** (2.38)						0.179** (2.10)			0.155* (1.83)	
wt			0.219** (2.40)						0.193** (2.07)			0.167* (1.81)
IIT_2				0.185** (1.76)								
IIT_3					0.346* (1.81)		0.300 (1.53)	0.275 (1.39)	0.276 (1.40)			
IIT_4						0.633*** (2.84)				0.606*** (2.59)	0.588** (2.49)	0.591** (2.50)
FP corr	0.222*** (2.76)	0.229*** (2.38)	0.221*** (2.73)	0.228*** (3.05)	0.247*** (3.14)	0.258*** (3.32)	0.221*** (2.74)	0.228*** (2.83)	0.221*** (2.73)	0.233*** (2.93)	0.239*** (3.01)	0.233*** (2.92)
MP corr	0.023 (0.26)	0.004 (0.05)	0.016 (0.18)	-0.004 (-0.05)	-0.005 (-0.06)	-0.006 (-0.07)	0.0002 (0.00)	-0.021 (-0.24)	-0.005 (-0.06)	-0.002 (-0.02)	-0.022 (-0.25)	-0.008 (-0.09)

续表

变量	1	2	3	4	5	6	7	8	9	10	11	12
NER movement	-1.190*** (-3.53)	-1.153*** (-3.38)	-1.159*** (-3.41)	-1.213*** (-3.87)	-1.183*** (-3.58)	-1.045*** (-3.15)	-1.090*** (-3.18)	-1.07*** (-3.10)	-1.08*** (-3.12)	-0.957*** (-2.78)	-0.941*** (-2.72)	-0.945*** (-2.73)
constant	0.428*** (6.03)	0.444*** (6.30)	0.423*** (5.90)	0.379*** (3.88)	0.332*** (3.44)	0.256*** (2.63)	0.325 (3.32)	0.345*** (3.52)	0.330*** (3.37)	0.244** (2.44)	0.260* (2.60)	0.247** (2.46)
#of obs.	193	193	192	197	197	198	193	192	192	193	192	192
R^2	0.1478	0.1501	0.1322	0.1324	0.1414	0.1615	0.1583	0.1615	0.1610	0.1772	0.1801	0.1798
Adjusted R^2	0.1296	0.1320	0.1341	0.1195	0.1235	0.1441	0.1358	0.1390	0.1385	0.1552	0.1581	0.1578
Root MSE	0.50685	0.50814	0.5068	0.5142	0.50487	0.49763	0.50504	0.50536	0.50551	0.49934	0.49974	0.49982

注：（1）因变量是在四个子时段，即 1976～1984 年（第一阶段），1985～1996 年（第二阶段），1999～2007 年（第三阶段）和 2008～2016 年（第四阶段），任意两个国家间的实际 GDP 相关系数（欧元区作为一个整体）。表中的结果第 1 栏、第 2 栏与第 3 栏中基于贸易额对贸易强度系数 wx、wm、wt 作出界定。产业间贸易系数 IIT2、IIT3、IIT4 的界定在表中的结果第 4 栏中，分别基于国际贸易标准分类的二位码、三位码、四位码分类。（2）三个新增的控制回归因子：FP corr，MP corr 和 NER（RER）协动性是财政政策相关性、货币政策相关性和名义（实际）汇率协动性的系数。"*"、"**"、"***" 分别指估计算系数在 10%、5% 和 1% 的水平上显著。（3）括号里的值是 t 比率。

表5.2b　11个亚洲经济体、美国和欧元区国家之间贸易对经济周期协同性的影响
（HP 滤波去趋势和面板回归：固定效应）

变量	1	2	3	4	5	6	7	8	9	10	11	12
wx	0.095 (0.46)						-0.079 (-0.37)			-0.079 (-0.38)		-0.147 (-0.67)
wm		0.067 (0.33)						-0.065 (-0.32)			-0.128 (-0.62)	
wt			0.037 (0.17)						-0.137 (-0.62)			
IIT_2				0.421*** (2.26)								
IIT_3					0.646*** (2.63)		0.685** (2.60)	0.688*** (2.61)	0.712*** (2.70)			
IIT_4						0.888*** (2.89)				0.997*** (3.06)	1.032*** (3.10)	1.021*** (3.13)
FP corr	0.126 (1.11)	0.112 (0.98)	0.124 (1.08)	0.123 (1.12)	0.118 (1.08)	0.111 (1.02)	0.117 (1.06)	0.12 (1.07)	0.116 (1.05)	0.115 (1.05)	0.123 (1.12)	0.117 (1.06)
MP corr	0.026 (0.22)	0.041 (0.34)	0.024 (0.19)	-0.004 (-0.06)	-0.009 (-0.08)	-0.025 (-0.22)	-0.008 (-0.07)	0.002 (0.02)	-0.00002 (0.00)	-0.008 (-0.07)	-0.0003 (0.00)	-0.0039 (-0.03)

续表

变量	1	2	3	4	5	6	7	8	9	10	11	12
NER movement	-0.423 (-0.91)	-0.430 (-0.91)	-0.444 (-0.94)	-0.185 (-0.42)	-0.169 (-0.39)	-0.131 (-0.3)	-0.18 (-0.39)	-0.162 (-0.35)	-0.194 (-0.41)	-0.076 (-0.16)	-0.094 (-0.20)	-0.111 (-0.24)
constant	0.311*** (3.29)	0.325*** (3.55)	0.320*** (3.30)	0.083 (0.76)	0.079 (0.64)	0.050 (0.39)	0.08 (0.62)	0.069 (0.53)	0.078 (0.60)	0.023 (0.18)	0.01 (0.08)	0.028 (0.21)
#of obs.	193	193	192	197	197	198	193	192	192	193	192	192
R^2_within	0.0227	0.0213	0.0208	0.0612	0.0763	0.0864	0.0782	0.0788	0.0811	0.0981	0.0998	0.1003
R^2_between	0.3662	0.4170	0.4206	0.1007	0.1103	0.128	0.0539	0.0574	0.0199	0.0748	0.0498	0.0426
R^2_overall	0.1426	0.1426	0.1381	0.0645	0.0821	0.1104	0.0566	0.0599	0.0406	0.0872	0.0729	0.0694
Sigma_e	0.5334	0.5375	0.5362	0.5187	0.5141	0.5124	0.5204	0.5224	0.5218	0.5147	0.5164	0.5163
Sigma_u	0.3342	0.3369	0.3392	0.3653	0.3517	0.3420	0.3653	0.3648	0.3755	0.3621	0.3702	0.3718
rho	0.2819	0.2821	0.2858	0.3267	0.3187	0.3083	0.3301	0.3278	0.3412	0.3311	0.3394	0.3415

注：（1）因变量是在四个子时段，即 1976~1984 年（第一阶段），1985~1996 年（第二阶段），1999~2007 年（第三阶段）和 2008~2016 年（第四阶段），任意两个国家间的实际 GDP 相关系数（欧元区作为一个整体）。表中的结果第 1 栏，第 2 栏与第 3 栏中基于出口、进口和总贸易额对贸易强度系数 wx、wm、wt 作出界定。产业间贸易系数 IIT2、IIT3、IIT4 的界定在表中的结果第 4 栏中，分别基于国际贸易标准分类的二位码、三位码、四位码分类。（2）三个新增的控制回归因子：FP corr，MP corr 和 NER（RER）协动性是财政政策相关性、货币政策相关性和名义（实际）汇率协动性的系数。（3）括号里的值是 t 比率。"*"、"**"、"***"分别指估算系数在 10%、5% 和 1% 的水平上显著。

情况下，产业间贸易的各项系数为正，且在 5% 的水平上显著。此外，除了采用固定效应的面板回归分析，在多数情况下，贸易强度的各项系数也保持为正，在 5% 的水平上显著。控制变量的各项系数，即财政政策相关性系数、货币政策相关性系数、汇率运动系数，在整体上都表现出预期的特征。在混合回归和采取随机效应的面板回归中，财政政策的相关性系数一直为正，总体上在 5% 的水平上显著。同时，汇率运动的系数一直为负，与预期一致，并且在 5% 的水平上显著，这表示汇率稳定（低易变性）是促进经济周期同步的重要因素。尽管在多数情况下，货币政策的系数为正，但并不恒为正。而货币政策相关性的系数则在一些情况下出现负值，不过并不显著，而且负值较小。

5.5　研　究　结　论

总而言之，汇率固定时，无论有没有冲销式干预，国外的扩张性政策（包括财政扩张政策和货币扩张政策）都会在国内经济中产生扩张效应，进一步促进经济周期同步。但当汇率浮动时，国外货币扩张性政策会在国内产生紧缩效应，而国外财政扩张性政策则仍然会在国内经济产生扩张效应。因此，汇率浮动条件下的国外货币扩张政策是两国产生相反效应的唯一情况。如果国外并不同时实行财政扩张政策和货币扩张政策，那么二者产生的效应会彼此加强，但汇率浮动的情形除外，这种情形下，二者的净效应可能加强也可能减弱，取决于效应的相对强度。

第6章

金融经济周期下的宏观稳定政策

6.1 引　　言

随着国际贸易和国际资本流动的迅速发展，经济全球化和区域经济一体化的加深，各国间经济波动的相互影响及协同变化趋势明显加强。事实上，大量的经济波动与人们日益扩展和深化的金融经济活动有关。金融因素对经济波动影响的研究越来越多，并已形成经济学中一个重要的新兴研究领域——金融经济周期理论（financial business cycle theory，FBC 理论）。该理论侧重将金融周期融入经济周期，将金融冲击、金融摩擦以及金融中介等金融市场因素嵌入到动态随机一般均衡（DSGE）框架中，系统地研究金融周期与经济周期之间相互关联及相互作用的内生机制。

"金融加速器"效应是金融经济周期理论的核心研究内容之一。由于金融市场缺陷产生的交易成本，如信息成本、监督和审计成本等金融摩擦会放大金融冲击，从而产生"金融加速器"效应。金融经济周期理论的基本研究思路是在假设借贷双方信息不对称和金融摩擦存在的前提下，经济冲击在金融加速器和银行信贷融资渠道两大主要机制的作用下通过金融市场传导到实体经济的传播和放大机制。金融经济周期理论的创新点主要体现在：认为金融体系是经济周期的重要传导渠道，通过金融加速器机制对金融冲击产生放大效应，而传统观念认为的国际贸易是经济周期的重要传播渠道。后续的研究将 FBC 的理论机制拓展到外生信贷约束机制和内生信贷约束机制。金融经济周期理论主要贡献在于：将金融引入经济周期理论的研究之中，并从微观视角研究经济波动的宏观现象。在研究金融摩擦对经济周期传导机制影响的同时，注重分析制度因素对金融经济周期的影响，金融摩擦通过改变经济周期的传导机制既可能增强冲击对经济周期的影响，也可能缓解冲击对经济周期的影响，从而为政府适当干预经济提供理论依据，金融经济周期理论对制定和实施宏观经济政策具有重大意义。

6.2 经济周期与金融经济周期

在对经济周期协动性影响因素的实证研究中，关注双边贸易强度与经济周期协动性的文献比较丰富，观点大致可以分为四类。第一类观点认为，二者之间呈现正相关关系。弗兰克和路斯（1998）在对20个发达国家双边贸易强度与经济周期双边相关性的研究中得到，贸易联系越紧密，两国经济协动度越高。然而，由于这一模型不能够将共同冲击从影响因素中分离而引发了对文章结论的争议。第二种观点认为，双边贸易的增强能使得国家之间的专业化分工程度提高，从而导致经济周期协动性的下降（Krugman，1993）。第三种观点认为，不同的贸易模式对经济周期协动性具有不同的影响，产业内贸易是导致经济周期协动性的关键因素，而产业间贸易则会使得经济周期同步性下降。第四种观点认为，双边贸易对经济周期协动性的影响主要是由双边垂直专业化引起的，而并非是由于双边贸易强度导致的（Ng，2010）。但迄今为止，已有的实证研究结果对贸易强度是否促进国际经济周期协动性还存在异议。

国内外学者在研究国际经济周期以及世界经济周期协同性与非协同性的进程中取得了里程碑的进步。格拉克（1988）首次采用频带（frequency band）的衡量指标将世界经济周期定义为多国工业生产指数的变动在一定周期频带上的高度相关性存在。巴克斯、凯赫和基德兰德（Backus、Kehoe and Kydland，BKK，1992）则首次建立了一个存在完备金融市场的国际经济周期模型（international business cycle）来研究国际贸易对国际经济周期协动性的影响，由于生产可以跨国自由转移，外部冲击使得贸易强度越高，两国间的经济协动性反而越低。高丝和易（2001）在BKK模型的基础上引入了生产的垂直专业化后发现，贸易规模对经济周期协动性的影响与贸易和冲击的类型有关，即当贸易促进产业专业化时，贸易联系越紧密，两国的经济协动性越低；但当贸易的发展促进两国的产业内贸易时，贸易联系越紧密，两国的经济协动性越高。安德森和文库（2003）研究发现，在两国的贸易程度可能与两国之间的贸易壁垒相关的基础上，高丝和易（2006）将 BKK 模型从两国拓展到三国，并引入跨国贸易交易成本后，发现引入这些因素能提高贸易对经济周期协动性的影响。巴克斯特和法尔（2005）在 BKK 模型的基础上，引入了可变资本利用率后发现 FDI 的流入能够使两国经济结构的相似度上升，从而贸易导致的两国经济协动性也越来越高。由此可见，以上这些研究都认识到了贸易强度是经济协动性的重要影响因素，并从贸易模式和贸易类型的角度深入分析了不同贸易形式是如何影响经济周期协动性的。值得注意的是，当今不同国家对外贸易在商品类别上的"异质性"，贸易品的不同类别是否会对两国经济周期的协同性产生影响？

在弗兰克和路斯（1998）研究的基础上，卡尔德隆等（2007）扩大了研究样本，并对发展中国家贸易强度和经济协动度的关系进行验证后发现，两者之间的正相关关系仍然成立，但是，发达国家比发展中国家的正相关关系更强些。高丝和易（2006）则从贸易双方在产业结构上的相似程度入手探讨影响国际经济周期同步性的因素，发现产业内贸易比产业间贸易更能引起 GDP 的同步运动，考虑到两国不同的产业结构会使双方在面临同一产业冲击时反应的周期不同。关于产业结构与经济周期协动性的关系研究也成为一个比较新的研究领域。一部分学者（Imbs，2004）认为，产业结构越相似，经济周期协动程度就会越高。另一部分学者（Cerqueira and Martins，2009）则认为，产业结构相似度与经济周期协动性之间不具有显著的关系。迪·乔凡尼（2010）运用工业层面的生产和贸易数据分析不同产业间双边贸易对经济周期协动性的影响机制，研究得到的结论是垂直分工在某一部门中的作用越重要，则该部门对应产业的双边贸易对经济协动性的影响就越大。

然而，BKK 模型是在假设国际金融市场完备性的前提下成立的，当国际金融市场不完备时，BKK 模型的结论将会发生显著的变化（Baxter and Crucini，1995；Heathcote and Perri，2002）。考虑到银行间的跨国借贷存在规模不经济的现状，亚科维耶洛和米内蒂（2006）在模型中引入了借贷市场不完备的衡量因子，当一国遇到外部冲击时，银行在调整国内和国外借贷中将使得两国经济的协动性增强。曹永琴和李泽祥（2009）对中国金融经济周期与真实经济周期的动态关联性进行研究发现，金融因素对经济周期的影响越来越显著，货币政策对真实经济周期的引导效果进一步强化。政府运用宏观经济政策平抑经济波动时，不仅以真实经济指标作为参考，还应参考金融经济指标。方芳和刘鹏（2010）对中国金融顺周期效应进行了经济学分析，研究结果表明，中国的金融系统存在顺周期效应，经济波动与金融周期之间存在着较强的格兰杰因果关系，并在短期内影响明显。张晓晶和王宇（2016）从金融周期理论溯源、形成的时代背景以及金融周期的特质入手，对传统宏观政策提出了挑战，提出创新宏观调控的新维度，是新常态呼唤宏观调控体制机制的创新。

由于静态的计量模型通常不能反映变量的滞后效应，尤其是2008年国际金融危机的爆发，使得越来越多的学者认识到金融市场一体化和金融市场不完备性在世界经济周期传导中的重要作用，同时，传统的静态模型已经不能够捕捉滞后变量带来的影响，于是，动态模型逐渐发展起来。其中，动态随机一般均衡模型（DSGE）被学者们广泛使用。法亚（2007）在一个两国DSGE模型中引入金融市场结构的差异后发现，两国的金融市场结构差异越大，经济周期协动性就越低。古兰沙等（2007）建立了两国的DSGE模型，并对跨国资产互持所带来的"估值效应"（valuation effect）在经常账户调整中的作用进行了系统性地分析。德弗罗和萨瑟兰（2010，2011）则在运用高阶展开方法后将资本互持特征引入两国的DSGE模型之中，并在模型中考虑加入金融摩擦，从而探讨外部冲击的传导渠道。梅冬州等（2012，2014）在一个标准的两国DSGE模型中引入了中间品贸易，并讨论了存在中间品贸易的经常账户调整和国际经济周期协动性等的问题。DSGE模型的拓展形式正在广泛地应用在关于经济周期协动性的学术探讨中。与此同时，为了克服以往研究在样本和双边相关性研究等计量方法上的局限性，高丝等（2003）提出了多层动态因子模型并抽象出多层次的因子分解成分，该贝叶斯分析框架凭借其能够同时拟合多国样本数据的优势，迅速成为这一领域的国际主流计量模型，相关研究不断涌现，其中，高丝等（2008a，2008b）、克鲁奇尼等（2011）、尼利和瑞佩奇（2011）相继借助高丝的多层动态因子模型考察了GDP增长率、产出、消费、投资以及通货膨胀的国际协同特征。杨子晖和田磊（2013）在借鉴以上经典模型的基础上，遵循多层嵌套因子模型思想，构建了国际经济周期三层静态因子模型，并运用该模型对中国在内的24个主要经济体进行跨国研究，从而考察中国经济与世界经济的协同性。但是，鲜有研究将静态模型和动态模型的优势结合起来研究，寻找使变量解释相匹配的契合点。

英布斯（2004，2006）通过构建联立方程组模型发现，金融市场一体化程度的不断提高也对各国经济周期协动性的传递产生了重要影响。但是，狄斯和恩·荣惹尔（2012）的研究则表明，金融一体化程度的提高对经济周期协动性的提高没有直接的影响。有关 FDI 与国际经济周期相关性的研究相对比较少，吴等（2009）的研究结果表明，FDI 对国际经济周期的协同性具有显著的正效应，并且 FDI 比贸易和产业结构相似度更能解释经济周期协同性的变化模式。需要注意的是，以上研究都是从总量的角度出发的，没有考虑贸易品类别和金融资本的异质性对经济周期协动性的影响。

之前的大部分相关研究都以发达国家为研究对象，但是，由于 1997～1998 年亚洲金融危机以及 2008 年全球金融危机对中国及一些发展中国家的经济带来了巨大的冲击，使得发展中国家与发达国家的经济周期趋同性日益增强。金和李（2012）、英布斯（2006），以及莫内塔和鲁费尔（2009）的研究结果表明，亚洲金融危机后东亚各国联系更加紧密，经济协动性程度显著增强，为进一步的货币及汇率合作创造了良好背景。于是，有关亚洲尤其是与中国有关的国际经济周期协动性的研究得到了广泛关注，高丝等（2003）运用动态因子模型观测到东亚经济受区域因子的影响大于全球因子，提出以中国和印度为代表的东亚国家是否可以从以美国和欧盟为代表的西方经济周期中分离出来，即 "decoupling or convergence" 的讨论。欧阳志刚（2013）使用共同趋势与共同周期的方法检验中国经济波动的国际协同，分解中国经济增长与国际经济增长的共同趋势与共同周期，进而针对共同趋势与共同周期分别设定非线性因子模型来刻画国际共同冲击、国别冲击对中国经济波动的效应。结果表明，当前的国际共同冲击、外国冲击和本国冲击的综合作用使得未来一定时期内中国经济增长速度将处于下行趋势中。中国当前保增长的政策效果主要取决于本国的内部经济形势，但同时也与重要贸易伙伴国的经济形势密切相关。贝尤米等（2000）通过估计东亚各国间经济周期的非对称性系统地比较了东亚建立最有货币区的成本收益，并得到东盟区域经济整合程度与 20 世纪 80 年代末的欧盟相当。申和王（2003）发现，东亚各国（地区）间产业内贸易和国际资本流动的增加使得各国（地区）之间的经济波动协动性增强。宋玉华和方建春（2007）对从改革开放 1978～2004 年中国经济与世界经济的相关度及相互影响的因果关系进行研究，宋玉华（2007）还在《世界经济周期理论与实证研究》一书中对中国与主要区域经济体的经济周期进行了探讨，总结出 "中国效应" 对世界经济的拉动作用日益增强，世界经济的波动也影响着中国经济的运行。宋玉华和李泽祥（2007）对金融经济周期理论研究的新进展进行了全面地归纳和总结，对后续研究有很大的启发性。程惠芳和岑丽君（2010）对影响中国经济周期协动性的因素进行了比较全面地研究和分析。王勇等（2010）选取了中国的 8 个贸易伙伴研究发现，中国与这些国家经济周期协动性随着时间的推移而增大。模型创新部分提到的梅冬州（2012，2014）以及杨子晖和田磊（2013）则分别运用引入中间贸易品的 DSGE 模型和三层静态因子模型来研究中国与世界经济周期的协动性。周炎和陈坤亭（2012）将银行部门嵌入 DSGE 框架中建立金融经济周期模型，并对中国经济进行了拟合的效果检验发现，基本模型在较大参数范围内能够较好地模拟实际经济中主要变量的数据特征。周炎和陈坤亭（2014）基于发达经济的研究结论指出，金融冲击对经济总体波动的贡献已经超过 50%，超越实际冲击成为最重要的经济波动诱因。

通过对国内外文献的回顾和总结可以发现，存在以下几方面的问题。

首先，现有的研究主要是以宏观层面和产业层面为切入对象来分析中国经济周期与世界经济周期协动性的关系。然而，一国经济的宏观经济表现主要是由微观经济主体所决定的，宏观和产业数据无法揭示异质性企业的行为，难以分析所关注因素影响中国经济与世界经济周期关联的微观传导机制，从而提出针对性的对策建议。金融经济周期恰好通过将金融引入经济周期理论来研究从微观视角研究经济波动的宏观现象。

其次，由于对中国与世界经济波动协动性和对策的研究相对比较少，当前关于金融经济周期与实体经济周期协同性及关联性研究也大多是在借鉴对发达国家经济周期协动性研究的基础上进行的分析，难免会忽略掉中国在开放经济中所表现出来的一些重要的"中国特色"，比如，企业异质性、贸易品类别的构成等。

最后，国内学术界和政府管理层对于开放经济下，中国金融经济周期与全球金融周期协动性的研究大部分局限于经验实证层面，并且鲜有文章将静态分析模型与动态分析模型有机地结合起来，优劣互补，综合多重指标，进行多维度地全面分析，从而找到具体变量和政策变量相匹配的契合点。

6.3 理 论 模 型

从基本的两国模型出发，假设模型中存在两个国家，本国 H 和外国

F，每个国家都存在家庭、生产以及政府三个部门。家庭在劳动市场上提供劳动并获得工资收入，与此同时因为持有上一期的债券和储蓄而获得利息收入。获得收入后一部分用于消费，一部分用于通过银行贷款给国内外的企业。生产部门可以按照行业和产品的类型进行划分。政府通过税收和铸币税支付开支，并制定财政政策和货币政策调节国内和国际经济协调。先从宏观数据入手，自上而下深入微观数据，循序渐进地建立模型，逐步引入贸易和金融渠道。之后再从微观的企业数据出发，自下而上到达宏观层面，为企业的战略决策提供参考。在动态博弈的过程中，行为主体复合理性的假定，但是，这种理性是有限的，因为"人的理性受到接受、储存、检索以及处理信息的神经物资能力的限制，也受到让其他人理解他的知识和感觉的语言能力的限制"（孙希芳，2001）。

在两国模型的基础上进行拓展，形成一个相互联系、相互作用的多国模型，探讨世界经济周期的传导及生成机制，从内部冲击开始，即从世界经济体系内部的、国与国之间同一部门或不同部门之间经济的相互影响开始。一层冲击是在一国内各个经济总量之间、各经济部门之间的传导；另一层传导则是世界经济周期形成过程中由于国家之间的多重经济联系，使得一国的经济波动向另一国经济扩散的过程。而世界经济周期的生成机制可以用"外部冲击的传导机制"来概括。

现有研究对于影响因素及传导机制的检验一般是通过直接检验所关注变量对目标变量影响的显著性作为影响机制存在与否的判断标准或者可以构建包含所关注变量和目标变量的方程组，再根据各方程相关变量估计系数间的关系对影响和传导机制进行分析。由于后者更严谨，这里拟采用多层次方程组来考察影响中国经济和世界经济周期协动性的传导机制。实证研究将由静态模型和动态模型两部分构成：

（1）静态模型设定：

$$\text{Corr}(v, s)_{i,j,t} = \alpha_0 + \alpha_1 \text{Trade}_{i,j,t} + \varepsilon_1 \qquad (6.1)$$

$$\text{Corr}(v, s)_{i,j,t} = \beta_0 + \beta_1 \text{Finance}_{i,j,t} + \varepsilon_2 \qquad (6.2)$$

$$\text{Corr}(v, s)_{i,j,t} = \gamma_0 + \gamma_1 \text{Policy}_{i,j,t} + \varepsilon_3 \qquad (6.3)$$

其中，$\text{Corr}(v, s)_{i,j,t}$ 表示两国在 t 时段的周期相关系数，基于经济指标 v（实际 GDP、失业率或其他宏观变量）通过 s 方法（如 HP 滤波去势法、线性去势法等）。$\text{Trade}_{i,j,t}$、$\text{Finance}_{i,j,t}$ 和 $\text{Policy}_{i,j,t}$ 则分别表示国际贸易渠道、国际金融渠道以及国际政策协调。其中，国际贸易渠道包含双边贸易强度、产业结构相似度、贸易结构相似度、垂直型和水平型产业内贸易。金融渠道包含国际直接投资 FDI、国际股票及债券市场综合指数等。国际政策协调指标则主要包含财政政策协调、货币政策协调以及汇率政策协调的衡量指标。财政政策协调的衡量指标可以用财政离散度（Darvas et al.，2005）或者政府赤字占 GDP 比重的相关性（Shin and Wang，2003）[①]来计量。参照申和王（2003），货币政策协调的衡量指标可以用货币供应量（广义货币供应量或 M_2）增长率的相关系数来表示。汇率政策协调的衡量指标也可以通过构建汇率变化相关系数来描述。

（2）动态模型设定：

$$Y_t^{i,j,k} = a_t^{i,j,k} + b_{World}^{i,j,k} f_t^{World} + b_{Regionk}^{i,j,k} f_t^{Regionk} + b_{Countryj}^{i,j,k} f_t^{Countryj} + \varepsilon_t^{i,j,k} \quad (6.4)$$

$$\varepsilon_t^{i,j,k} = \varphi^{i,j,k}(L)\varepsilon_{t-1}^{i,j,k} + v_t^{i,j,k} \quad (6.5)$$

让 $Y_t^{i,j,k}$ 代表 t 时期，地区 k 中第 j 国的第 i 个变量的增长率，f_t^{World}、$f_t^{Regionk}$、$f_t^{Countryj}$ 和 $\varepsilon_t^{i,j,k}$ 分别表示模型中提炼的抽象因子——世界共同因子、地区共同因子、国家因子以及序列特异误差项。借鉴高丝等（2008）的模型，其中的地区因子还可以替换为按照经济水平发展程度的差异划分的不同经济组：比如，发达国家经济组、新兴市场经济国家组以及其他发展中国家经济组。根据研究需要，每一类经济组还可以进一步地划分。这一模型的运用分析领域比较广，还可以类推运用来分析中国国内各个省份、地区以及全国之间的变量因子分解。下面是变量的方程因子分解表达式：

$$var(Y_t^{i,j,k}) = (b_{World}^{i,j,k})^2 var(f_t^{World}) + (b_{Region k}^{i,j,k})^2 var(f_t^{Region k})$$
$$+ (b_{Country j}^{i,j,k})^2 var(f_t^{Country j}) + var(\varepsilon_t^{i,j,k}) \quad (6.6)$$

$$\frac{(b_{World}^{i,j,k})^2 var(f_t^{World})}{var(Y_t^{i,j,k})} \quad (6.7)$$

其中，某一因子对被解释变量进行方差因子分解后的解释比率可以按照公式（6.7）类推计算。这些衡量指标在构建的每个环节都通过马尔科夫蒙特卡罗算法（Markov Chain Monte Carlo，MCMC）估计参数，并且对它们的后验分布反映出不确定性的量级。其中，对经济变量 i 的选取可以根据模型研究的经济层面及研究目标进行灵活地选取。

为了研究波动，我们常常希望将经济数据中的时间趋势"滤掉"，分离出其波动的部分。由于宏观数据（如 GDP）常有指数增长的趋势，故先取对数，将其时间趋势大致变为线性。传统的做法是用线性回归的方

[①] 本书所涉及的申和王（Shin and Wang，2003）模型是指剔除香港和台湾后的研究框架。剔除香港和台湾的数据之后，研究结果不受影响。

法，估计一个线性的时间趋势。将原序列减去时间趋势（detrend）的剩余部分就是波动部分。然而，lnGDP 的增长趋势显然时快时慢，不一定永远是以恒定的速度在增长。HP 滤波（Hodrik – Prescott Filter）提供了一种估计非线性时间趋势的方法。它将一个时间序列 $\{y_t\}_{t=1}^{T}$（如 lnGDP）分解为"增长部分"（growth component）$\{y_t^g\}_{t=1}^{T}$ 与"波动部分"（cyclical component）$\{y_t^c\}_{t=1}^{T}$ 之和，即 $y_t = y_t^g + y_t^c$。

其中的增长部分 $\{y_t^g\}_{t=1}^{T}$ 由以下的最小化问题来决定，

$$\min_{\{y_t^g\}_{t=1}^{T}} \sum_{t=1}^{T} (y_t - y_t^g)^2 + \lambda \sum_{t=2}^{T-1} \left[(y_{t+1}^g - y_t^g) - (y_t^g - y_{t-1}^g) \right]^2$$

其中，$\lambda \geqslant 0$ 为给定常数。该目标函数的第一项为原序列偏离时间趋势的离差平方和，是对波动过大的惩罚。第二项为时间趋势的二阶差分之平方和，是对时间趋势过于"不光滑"的惩罚，λ 则是给予该惩罚的权重。如果 $\lambda = 0$，则最优解就是 $y_t^g = y_t$，$\forall t$，但 $\{y_t^g\}_{t=1}^{T}$ 像原序列那样不光滑。反之，如果 $\lambda \to + \infty$，则最小化要求 $\sum_{t=2}^{T-1} \left[(y_{t+1}^g - y_t^g) - (y_t^g - y_{t-1}^g) \right]^2 \to 0$，即二阶差分为零，因而，一阶差分为常数，因此，$\{y_t^g\}_{t=1}^{T}$ 是一个线性趋势（即线性回归的"无限光滑"情形）。λ 比较理想的选择介于这两者之间，那就是，既希望时间趋势光滑，又希望波动不能过大。对于年度数据，霍德瑞克和普雷斯科特（Hodrik and Prescott）推荐 $\lambda = 400$；而对于季度数据，则推荐 $\lambda = 1600$（因为季度数据通常比年度数据光滑），故其时间趋势也应该更加光滑些（陈强，2010）。（选择 $\lambda_{季度} > \lambda_{年度}$，相差了 4 倍）。

从上述的最小化问题一阶条件可得到一个四阶线性差分方程，两个初始条件及两个期末条件，然后用矩阵方法求解。在 Matlab 或 Stata 中均可下载 HP 滤波的相关程序。

对于宏观层面动态因子分解的研究变量选取可以考虑包含以下宏观经济指标的增长率：实际产出 RGDP、收入、就业、国内消费、国内投资、出口、进口、财政收入、财政支出、国内信贷总量、货币供给 M_2、股票价格、人民币实际有效汇率指数、上证综指、银行间 7 天同业拆借平均利率、汇率、利率、货币、通货膨胀、CPI、金融市场指数、信贷总量以及产品价格等宏观经济序列，其中，既有实体经济的衡量指标，又有价格及金融市场等虚拟经济的衡量指标，比较能够全面地反映经济活动的全貌。

类似的，对于产业或产品层面的动态因子分解模型的研究，可以考虑将宏观模型中的宏观经济指标序列替换成中国工业企业和海关进出口企业中对应的某一产业或某一产品的进口和出口额等进行研究，从而将具体变量分解为世界共同因子、地区共同因子、国家因子以及序列特异误差项这些抽象变量，对贸易政策制定的使用范围具有指导意义。无论是政策制定者或者企业的管理者，都可以从不同的角度对模型的结果进行解读，从中获得有价值的信息。在企业的微观数据方面，除了与宏观数据进行匹配整合作为桥梁外，还可以从个体企业的角度出发，划分区域、产品流向地区，结合信贷约束、金融摩擦等金融经济周期的影响因素，对出口产品的流向地区结构进行分析，同时将企业异质性也纳入其中，探讨企业的应对策略。

从动态博弈的角度思考，"逆经济周期的支持效应"可以从经济周期这一宏观因素对国企避税行为做出解释。第一，在经济周期下行期，国有企业避税程度减少显著呈现"逆周期支持效应"，并且这一支持效应在地方国有企业中显著高于中央国有企业；第二，国企经营业绩的下降弱化了国企避税的"逆经济周期支持效应"，国企纳税占地区税收收入的比重以及政府干预程度的提高均会强化国企避税的"逆经济周期支持效应"。然而，税收征管效率并未对"逆经济周期的支持效应"产生比较显著地影响。从企业微观层面展开分析，经济周期是深入理解国有企业税负水平及其变化的重要因素；在宏观经济调控层面，国有企业以逆经济周期的税收支持行为回报政府的"支持之手"，因此，需要关注国有企业"支持之手"对逆周期宏观调控效果产生的重要影响，从而优化资源配置和推动经济平衡增长（周炎等，2016）。

6.4　实证分析

基于数据的可获得性并兼顾本章研究的侧重点，下面就从宏观层面入手，以股票市场金融传导渠道为例，研究2008年全球金融危机对所选的10个亚洲经济体和发达国家之间的金融经济周期协动效应或"脱钩假说"进行分析。本章选择的时间段为2000年1月～2011年12月，其中包含"前危机时期"（2000年1月～2007年6月）和"危机及后危机时期"（2007年7月～2011年12月）。所选经济体的股票指数名称及相应的符号见表6.1。

表6.1	所选经济体及其代表性的股票指数	
经济体	股票指数名称	在 Bloomberg 的符号
美国	S&P 500	SPX
欧洲—发达市场	MSCI – Europe	
中国	Shanghai Se Comp	SHCOMP
印度	BSE Sensex 30	SENSEX
印度尼西亚	Jakarta Comp	JCI
日本	Topix	TXP
马来西亚	FTSE Bursa Malaysia KLCI	FBMKLCI
菲律宾	PSEI Philippine Se	PCOMP
新加坡	Straits Times	FSSTI
韩国	KOSPI	KOSPI
泰国	Stoke Exchange of Thailand	SET

数据来源：笔者整理。

实证研究方法主要采用静态最小二乘的面板固定效应估计和动态 VAR 多因素分析法来探讨发达经济体的股市对亚洲股市的影响和金融经济周期的"脱钩假说"是否成立。

最小二乘法的面板固定效应模型是一种统计模型为：

$$y_{it} = \beta_0 + X_{it}\beta + Z_i + \alpha_i + \mu_{it} \qquad (6.8)$$

其中，y_{it} 为对于个体 i 在 t 时期的因变量，X_{it} 为随时间变化的解释变量，Z_i 为不随时间变化的定常回归量，α_i 为未被观测的个体因素，μ_{it} 为个体 i 在 t 时期的误差项。假设固定效应 α_i 与 X_{it} 和 Z_i 不是独立的，回归结果在考虑个体固定效应的基础上得到共同的回归系数。

表6.2 的结果显示，代表全球金融经济周期分解因子的发达经济体的股权收益（由 S&P 500 和 MSCI – Europe 组合而成）对于因变量亚洲经济体的股权收益影响在危机及后危机时期有所加强，表示亚洲经济体与欧美发达经济体之间的相互依存性在加强，从而不能支持亚洲经济体从欧美发达经济体中脱钩的假说。对于国内因素而言，汇率变化对亚洲经济体股权收益的影响显著并且为负数，这与经济理论中直接标价法的汇率值上升导致本国货币贬值，从而减少外国对本国的投资进而导致股票价格下降的现象相吻合。然而，GDP 增长率对股票回报率有负面影响。这个结果无法解

释正常情况下更高的 GDP 预计将提振股市，然而，在高 GDP 增长的情况下视为经济下降的开始点。更多的经验性研究将在未来进一步探讨 GDP 对股票汇率的影响。

表 6.2 对亚洲股本回报率在不同时期的影响因素分解
（面板固定影响最小二乘估计）

因变量为亚洲经济体的股权收益		
自变量	前危机时期 （1/2000 ~ 6/2007）	危机及后危机期 （7/2007 ~ 12/2011）
发达国家的股权收益	0.36 ***	0.47 ***
利息差额	0.0012	− 0.0019
CPI 差额	0.00143	0.00144
汇率变化	− 0.00006 ***	− 0.00007 ***
GDP 增长率	− 0.0011	− 0.0004
R squared 拟合优度	0.25	0.54
观测值数量	739	499

注：*** 表示在 1% 的显著水平上，** 代表在 5% 的显著水平上，* 表示在 10% 的显著水平上。

动态 VAR 多因子分析法模型的简化形式如下：

$$y_t = c + A_1 y_{t-1} + A_2 y_{t-2} + \cdots A_p y_{t-p} + e_t \tag{6.9}$$

其中，y_t 是一组时间序列变量 $y_t = (y_{1t}, y_{2t}, \cdots, y_{kt})'$，$A_i s$ 为 kxk 系数矩阵，c 为一个 kx1 的常数向量，p 为模型的滞后阶数，e_t 为一个 kx1 的误差项，并且 $e_t s$ 为连续不相关但可能同时相关的序列。动态 VAR 多因子分解模型在允许变量之间相互作用的前提下分析创新的影响（innovation shocks）冲击，并可以提供更多动态估计的解决方案。由于篇幅的限制，具体结果的图表就不在这里展示了。借鉴这一研究思路，接下来将对金融经济周期的多层面因素进行分析，分别从宏观到微观寻找相应政策的对应策略。

6.5 结论及政策启示

随着世界各经济体经济和政治力量对比的变化和差距，人们发现，存在于世界各经济体之间的经济周期并不是简单的协动性或非协动性，而是呈现出"你中有我，我中有你"这样复杂的多重性。深入探究这种复杂的多重性则是构建异质性微观主体动态博弈模型的基础。通过构建动态多因子模型并对其进行分解，无论是作为政策制定者的政府还是作为政策接受者的厂商都可以对国际层面、国家层面、产业层面以及企业层面等不同层次的政策效应作出反应，并找到有效的应对策略。将理论模型运用于中国经济周期与世界经济周期协动性传导机制的研究中，关注金融经济周期理论的运用，从地缘政治经济学的研究视角出发，以"一带一路"为立足点，考察中国经济与世界经济波动的相互关系及变动，不仅具有重要的战略意义，还具有较高的理论和实践价值。一方面，通过揭示影响中国经济与世界经济周期协动性的微观传导机制，在考虑中国企业异质性及贸易产品类别的基础上，提出相关的政策建议，促进中国企业出口结构的升级，实现中国经济持续稳定的发展。另一方面，分别评估国际贸易、国际金融和投资以及政策协调对中国经济与世界经济周期协动性的影响程度以及传导机制，对于判断产业结构调整、加快金融改革、提高企业的贸易融资能力对促进中国经济的发展具有指导意义。

然而，纵观国内外关于金融经济周期或经济周期的文献发现，已有的研究大多停留在宏观层面，并且没有考虑到经济体之间经济政策的异质性及博弈能力，缺乏微观机制的构建和探索。于是，从宏观到微观强调异质性、逐步细化的研究将会成为未来研究的一个发展方向。与此同时，在国际政策协调机制的应用方面，有待超越简单的对策研究建立以预警机制为对策的研究，并将世界组织的监督作用考虑其中，从而形成类似于 GTAP（全球贸易分析项目）这样的规范模式。

第7章

战略性新兴产业国际化发展研究

7.1 引　言

如何在经济全球化、新常态经济及"一带一路"倡议背景下，推动我国传统产业的转型升级，并在此基础上培育和发展战略性新兴产业，实现战略性新兴产业与传统产业之间的耦合发展？战略性新兴产业与传统产业发展之间的耦合互动机制何在，以及相关政策的指导意义是什么？

本章的研究提炼的具体问题包含以下四点：（1）中国的产业结构升级如何与经济周期波动相关联？（2）中国的战略性新兴产业与金融周期波动之间的相互关系如何？（3）如何协调我国的战略性新兴产业与传统产业之间的耦合促进机制？（4）怎样通过协调战略性新兴产业与传统产业的耦合关系抵御外界经济冲击，同时防范金融风险？

7.2 研 究 专 题

7.2.1　中国的产业结构升级与经济周期波动

（1）中国的产业结构调整与经济周期波动的特征事实。对 1978 ～ 2017 年的农业、工业以及服务业的产业总值与国内生产总值的相关关系进行详细分析，并对发展趋势和占国民经济的比重变化有深入地理解。中国的产业结构变化按照三次产业结构调整转型的情况大致可以划分为三个阶段：第一阶段是从 1978 年改革开放到 1991 年；第二阶段是从 1992 年到 2006 年；第三阶段是从 2007 年至今。本部分的研究通过分析第一产业、第二产业以及第三产业在这三个不同阶段的就业弹性（就业增长率和经济增长率之比）、产业结构偏离度（各产业的增加值比重与其对应的劳动力的比重相异程度）、产业贡献率（产业增量/GDP 增量）以及产业拉动力（产业贡献率×GDP 增长率）的变化情况，运用国内省市地区的空间分布数据进行充分研究，总结中国产业结构调整与经济周期波动的特征事实。

（2）中国的产业结构与经济波动关联的静态分析。1978～2017 年，产业结构与经济增长之间的内在联系可以通过回归模型作出定量分析。GDP = f(P, S, T, A)，其中，P、S、T 分别代表第一产业、第二产业和第三产业的产出量，A 代表经济制度和技术水平。为了进一步测算三大产业的总产出弹性，对总产出函数取对数建立模型：

$$\text{LnGDP} = \alpha_0 + \alpha_1 \text{LnP} + \alpha_2 \text{LnS} + \alpha_3 \text{LnT} + \varepsilon \qquad (7.1)$$

模型系数 α_1、α_2、α_3 分别测度 GDP 对第一产业、第二产业和第三产业的产出弹性。比如，α_1 代表在第二产业和第三产业产值不变的情况下，第一产业每增长 1% 导致的 GDP 总值的百分比变化率。

由于我国改革开放 40 年来经济规模和经济结构都发生了翻天覆地的变化，这部分研究有必要将总时期 1978～2017 年划分为几个子时期，同时，比较远期和近期的回归模型结构。

（3）中国的产业结构与经济波动关联的动态分析。由于静态分析的计量模型通常不能反映变量的滞后效应，不能捕捉时间的动态效应。由于中国与世界经济周期的传导渠道主要通过国际贸易、国际金融及国际政策协调来实现，产业结构的调整也会受到这三个传导渠道的影响。为了进一步深入研究经济全球化、新常态经济及"一带一路"倡议背景下，中国的产业结构与国内经济周期波动以及世界经济周期的动态关联情况，该部分的研究采用向量自回归模型（VAR）、格兰杰因果检验、脉冲响应分析、运用交叉相关技术（cross-correlation）、多种滤波分析法以及目前比较前沿的动态因子分析模型（dynamic factor）、双重差分以及断点回归等计量方法，定量分析世界共同影响因子、地区共同影响因子以及国家共同影响因子对我国产业结构及世界经济周期关联度的影响程度。

动态模型的设定：

$$Y_t^{i,j,k} = a_t^{i,j,k} + b_{World}^{i,j,k} f_t^{World} + b_{Region\,k}^{i,j,k} f_t^{Region\,k} + b_{Country\,j}^{i,j,k} f_t^{Country\,j} + \varepsilon_t^{i,j,k} \qquad (7.2)$$

$$\varepsilon_t^{i,j,k} = \varphi^{i,j,k}(L)\,\varepsilon_{t-1}^{i,j,k} + v_t^{i,j,k} \qquad (7.3)$$

让 $Y_t^{i,j,k}$ 代表 t 时期，地区 k 中第 j 国的第 i 个变量的增长率，f_t^{World}、$f_t^{Region\ k}$、$f_t^{Country\ j}$ 和 $\varepsilon_t^{i,j,k}$ 分别表示模型中提炼的抽象因子——世界共同因子、地区共同因子、国家因子以及序列特异误差项。借鉴高丝等人（2008）的模型，其中的地区因子还可以替换为按照经济水平发展程度的差异划分的不同经济组：比如，发达国家经济组、新兴市场经济国家组以及其他发展中国家经济组。根据研究需要，每一类经济组还可以进一步地划分。这一模型的运用分析领域比较广，还可以类推运用来分析中国国内各个省份、地区以及全国之间的变量因子分解。下面是变量的方程因子分解表达式：

$$var(Y_t^{i,j,k}) = (b_{World}^{i,j,k})^2 var(f_t^{World}) + (b_{Region\ k}^{i,j,k})^2 var(f_t^{Region\ k})$$
$$+ (b_{Country\ j}^{i,j,k})^2 var(f_t^{Country\ j}) + var(\varepsilon_t^{i,j,k}) \qquad (7.4)$$

$$波动比率(f_t^{World}) = \frac{(b_{World}^{i,j,k})^2 var(f_t^{World})}{var(Y_t^{i,j,k})} \qquad (7.5)$$

其中，世界因子对被解释变量进行方差因子分解后的解释比率可以按照公式（7.5）计算地区因子、国家因子的波动占比可以按公式（7.5）类推计算。这些衡量指标在构建的每个环节都通过马尔科夫蒙特卡罗算法（markov chain monte carlo，MCMC）估计参数并且对它们的后验分布反映出不确定性的量级。其中，对经济变量 i 的选取可以根据模型研究的经济层面及研究目标进行灵活地选取。

对于宏观层面动态因子分解的研究变量 Y 的选取可以考虑包含以下宏观经济指标的增长率：实际产出 RGDP、第一产业的产值 P、第二产业的产值 S、第三产业的产值 T、CPI、PPI、收入、就业、国内消费、国内投资、出口、进口、财政收入、财政支出等宏观经济序列，其中，既有实体经济的衡量指标又有价格等虚拟经济的衡量指标，能够比较全面地反映经济活动的全貌。这里的 CPI 代表经济周期，股价指数和房价指数用来代表金融周期，而 PPI 兼具金融周期与经济周期的属性。

对于产业或产品层面的动态因子分解模型的研究，可以考虑将宏观模型中的宏观经济指标序列替换成第一产业、第二产业或第三产业的中国工业企业和海关进出口企业中对应的某一产业或某一产品的进口额和出口额等进行研究，从而将具体变量分解为世界共同影响因子、地区共同影响因子、国家共同影响因子以及序列特异误差项这些抽象变量，对产业及贸易政策制定的使用范围具有指导意义。作为政策制定者或者企业的管理者，可以从不同的角度对模型的结果进行解读，从中获得有价值的信息。

数据收集整理以及计量估计方法：运用 EIU 全球宏观数据库、环亚经济数据有限公司 CEIC 数据库、中经网统计数据库、国研网的战略性信息产业数据库，以及中国工业企业和海关进出口企业大样本数据等，根据样本的特征及被解释变量的性质，在交叉相关技术（cross-correlation）、多种滤波分析法、向量自回归技术（VAR）、系统 GMM、DSGE 模型、断点回归以及动态因子分解（dynamic factor）模型等计量方法中选取适合方程进行估计的方法。

7.2.2　中国的战略性新兴产业与金融周期波动

结合金融周期理论、新兴产业理论以及战略性产业理论，该部分将侧重研究中国的战略性新兴产业与金融周期波动之间的相互影响关系。市场性金融支持是战略性新兴产业发展的重要动力机制，战略性新兴产业的市场性金融支持政策应该从市场直接金融和间接金融两个层面着手设计，以充分落实国家的产业和金融政策。金融政策的安排和导向将对金融周期波动以及经济增长产生一定的影响（陈雨露等，2016；邓创和徐曼，2014）。随着全球金融一体化程度的加快，尤其是 2008 年全球金融危机爆发之后，国际金融及国际投资的传导渠道也成为除国际贸易以外，影响世界经济周期协动性的另一重要因素，包括国际直接投资、国际生产体系下跨国公司的全球化管理以及短期资金流动。其中，国际直接投资通过国际生产体系进一步影响跨国公司的全球化管理，将世界各国的经济运行紧密地联系在一起，进而显著提高世界经济周期的协动性。短期资金流动传导机制随着虚拟经济的迅猛发展变得越来越重要了，短期资金可以通过汇率、利率的波动传导产生物价波动、财富效应以及投资需求的波动，从而对总需求和产出带来影响，进而完成世界经济周期的传导。战略性新兴产业对防范金融风险具有稳定器的作用。

通过运用动态因子模型并将被分解的研究变量 Y 替换成：战略性新兴产业的产量、股价指数（上证综指）、房价指数（70 个大中城市住宅价格指数）、国内信贷总量、货币供给 M_2、股票价格、人民币实际有效汇率指数、上证综指、银行间 7 天同业拆借平均利率、汇率、利率、货币、通货膨胀、金融市场指数、信贷总量等变量，可以深入分析来自世界共同影响因子、地区共同影响因子、国家共同影响因子等因素的影响，从而为政策制定者提供更加精准的政策建议，促进战略性新兴产业的国际化，提高政策的实施效果。

7.2.3 中国战略性新兴产业与传统产业间的耦合促进机制

通过借鉴美国、英国、德国、日本等发达国家新兴产业发展的一般规律，该部分研究总结了我国的战略性新兴产业面临的现实背景以及战略性新兴产业与传统产业耦合发展的主要作用机制，并在此基础上，探寻中国的战略性新兴产业与传统产业间的耦合促进机制。

（1）战略性新兴产业投资环境构成、机理及评价。战略性新兴产业的投资环境选择需要考虑的因素主要包括"硬环境"以及"软环境"。通过考察基础性因子（自然条件和自然资源、基础设施、经济发展水平、法律法规）、激励性因子（产业环境、市场因素、政策因素、金融因素）、创新性因子（人力资源及素质、科技因素）以及政府意志因子（就业与税收增加、财政支出），该部分研究在探寻战略性新兴产业投资环境主要作用机制和基本发展规律的基础上，构建战略性新兴产业投资环境评价的方法与模型。

（2）战略性新兴产业培育与发展的理论及方法。该部分的研究从产业发展阶段的理论视角深入分析了发达国家新兴产业的成长过程，对我国现阶段制定战略性新兴产业的培育及其发展路径具有一定的学习借鉴意义。然而，经济与社会发展的危机往往是孕育和催生新兴产业的最好契机，而某些新兴产业的产生和发展可以为一个国家带来巨大的战略机遇。能否把握战略性新兴产业发展的契机将会对一个国家的经济和社会发展产生非常深远的影响。战略性新兴产业出现"机会窗口"主要有两种方式：由技术断裂造成的机会窗口以及由新技术的平行性造成的机会窗口，发展中国家在产业发展的"机会窗口"关闭之前抢先占领新兴产业发展的科技高地为未来经济增长奠定基础（熊勇清，2013）。

综合运用层次分析法（AHP）、信息熵法（IE）、主成分分析法（PCA）以及组合赋权法等评价方法来构建战略性新兴产业的系统评价体系，分层次，多维度对新能源、新材料、节能环保、高端装备制造、信息技术等每一类战略性新兴产业的培育与发展进行深入研究。其中，可以对新能源汽车的相关企业及政策进行横向及纵向地研究，结合具体案例提出有针对企业异质性的相关政策建议。

（3）传统产业转型升级及决策模型。战略性新兴产业对传统产业的转型升级起到了积极带动的作用。战略性新兴产业是国家在转变经济发展方式的关键时期提出来的概念，其中，一个最重要的特质就是带动系数大，成为产业发展中的"领头羊"。与此同时，产业价值链要求传统产业转型升级，在全球价值链的视角下，产业可以通过组织化的学习改变在全球贸易网络中的地位，并获得增长的附加值。在价值链升级要求的带动下，传统产业会主动顺应价值阶梯逐级提升，并通过价值链条的前向和后向的学习向高端产业延伸。

该部分内容会借鉴传统产业转型升级在不同阶段的决策模型，比如，传统产业隶属类型甄别模型及转型升级路径选择模型，结合最新的统计数据，考虑行业和企业的异质性，选取样本地区和有代表性的企业，运用产业相似度、竞争力评价、契合区域经济程度等作为构建传统产业转型升级路径的评价衡量指标。

（4）战略性新兴产业与传统产业耦合发展的理论与实证。战略性新兴产业与传统产业的耦合发展是指二者之间的良性互动、共同促进、共同发展的正向关联。战略性新兴产业与传统产业之间形成的耦合系统存在三类耦合：第一类耦合是战略性新兴产业子系统、传统产业子系统中各个产业本身存在的耦合关系；第二类耦合是战略性新兴产业子系统、传统产业子系统中各个子产业之间存在的耦合关系；第三类耦合是战略性新兴产业子系统与传统产业子系统之间存在的产业间耦合关系。战略性新兴产业与传统产业之间的耦合发展包括三方面的内容：首先，是两大产业在产品、技术、资本等基本的产业要素之间的耦合关系；其次，是在结构替代规律和投入、产出内部联系两大产业结构方面的耦合关系；最后，是两大产业在区域布局及区域分工方面的耦合关系。

战略性新兴产业与传统产业的耦合作用机制是指，通过各组成要求之间的相互适应与融合、相互支撑与促进，使得整体结构和功能走向完善的内在作用机理。在成长阶段由政府推动机制优化产业环境，成长阶段和发展阶段初期通过传导机制形成产业网络，成长阶段和发展阶段初期通过叠加放大机制完善产业链和产业群，发展阶段中后期通过联动机制作用于产业空间组织，在发展阶段中后期通过融合机制进一步促进产业耦合、产业集群和区域经济圈的形成。实证研究，可以借助国研网的战略性信息产业数据库的丰富资源以及国家统计局、中国经济信息网的数据综合全面地分析战略性新兴产业与传统产业之间的耦合发展关系，并对耦合关联度进行评价，从而提出相关的政策建议。

7.2.4 协调中国战略性新兴产业与传统产业的相关政策建议

基于前面专题的研究，本专题在总结研究结果的基础上，提出协调中国的战略性新兴产业与传统产业关系的政策建议。经济平稳运行是经济发展和进一步深化改革的重要保障。我国在"十三五"规划纲要中明确强调了以创新驱动发展和提升发展质量及效益的必要性，并提出建立风险识别和预警机制，力求主要经济指标的平衡协调，进而提高经济发展的平衡性和可持续性。

（1）对微观层面企业异质性研究的相关政策启示。在供给侧结构性改革和新常态经济背景下，如何测算以战略性新兴产业中的高新技术企业为代表的微观层面经济周期波动的规律和对经济运行的影响，并协调战略性新兴产业与传统产业的关系具有重大的政策意义。企业是经济发展的基本单位，企业发展状况的叠加形成经济运行的特征，高新技术企业更是创新型国家发展的中流砥柱和强大支撑，相关的研究和政策启示具有重大的理论和实际意义（初睿等，2018）。

（2）培育和发展战略性新兴产业与促进传统产业的转型升级过程中的利益协调机制。战略性新兴产业的培育和发展需要正确处理政府推动与市场主体之间的关系，充分发挥市场和政府"两只手"的作用。针对政府与企业不同的主体，从产业与市场不同的角度建立相关利益协调机制，使得各个主体在不损害其他主体利益的前提下获得最优。比如，政府层面建立近期与长期利益并重的新型政绩评价机制，同时，对于企业层面，建立企业被外部利益共享、风险共担的机制。就产业层面而言，建立中国战略性新兴产业与传统产业的耦合互动机制，在实现我国经济现阶段稳定增长的同时，迅速培育出具有国际竞争力的战略性新兴产业。在市场层面，构建市场在资源配置中的基础性作用机制，通过市场的供求、价值和竞争规律引导战略性新兴产业的发展。战略性新兴产业的培育是一个复杂、互动、多维的利益博弈过程，中央政府与地方政府之间、政府与企业之间、企业与企业之间存在着多层、多元化的利益关系，因此，需要建立相关利益协调机制确保培育战略性新兴产业过程中出现一致的行为取向。

7.3 研 究 目 标

第一，通过揭示影响中国战略性新兴产业与传统产业之间耦合促进关系的微观机制，在考虑金融周期与经济周期以及中国企业异质性的基础上，进一步丰富有关中国战略性新兴产业与传统产业之间耦合发展的理论及实证研究。

第二，分别评估世界共同影响因子、地区共同影响因子、国家共同影响因子对我国战略性新兴产业及传统产业的影响，促进产业结构调整、加快金融改革、提高企业的贸易融资能力对中国经济发展的促进作用。

第三，基于理论和实证研究，运用静态模型和动态模型相结合的方法，提出相关的政策建议，促进中国战略性新兴产业的国际化以及中国企业出口结构的升级，实现中国经济持续稳定的发展。

7.4　拟解决的关键科学问题

第一，如何选取衡量战略性新兴产业发展的变量，恰当提炼与中国经济特色相对应的衡量指标，从而构建合适研究中国的战略性新兴产业与传统产业耦合促进机制的理论模型。

第二，在深入分析战略性新兴产业的培育和发展及传统产业的转型升级，从宏观数据到产业及产品层面的研究过程中，如何将数据进行整合和深度挖掘，选取符合研究目标的研究对象，为多层次衡量中国经济与世界经济周期协动性的微观传导机制打下数据基础。

第三，综合运用与衡量指标相关的静态模型及多层动态因子分解模型，将具体的衡量变量指标与抽象的政策变量匹配起来。借鉴高丝（2008）多层动态因子模型、芒什等（2011）的多层静态因子模型以及杨子晖和田磊的三层静态因素模型，抽象因子可以提炼为世界共同因子、区域共同因子、国家共同因子以及序列特异误差项。从而为政策的适用范围提供参考依据。

7.5　拟采取的研究方案

7.5.1　研究的主要技术路径

根据前面所述的研究内容及目标，本章将遵循问题具体现实化、研究

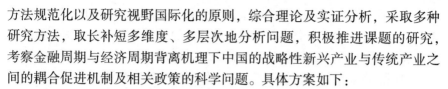

方法规范化以及研究视野国际化的原则，综合理论及实证分析，采取多种研究方法，取长补短多维度、多层次地分析问题，积极推进课题的研究，考察金融周期与经济周期背离机理下中国的战略性新兴产业与传统产业之间的耦合促进机制及相关政策的科学问题。具体方案如下：

步骤1：文献研究及数据整理。

首先，本书研究从文献研读及梳理开始，对现有文献资料进行研究、总结及分析在于建立以理论为基础的科学研究标准，为构建合适的理论研究框架打基础。文献检索和资料收集的方法主要包括查阅现有权威学术期刊、学术书籍、知网及其他网络资源，也包括与相关领域专家学者进行交流。有关战略性新兴产业及传统产业的相关研究文献比较丰富，需要在梳理总结的基础上，从新常态下中国经济及中国对外贸易企业面临的机遇和挑战出发，提炼课题研究的创新点，从而升华到课题研究的理论和现实意义。

对统计数据的整理是为了对特征事实和实证研究做准备。一方面，宏观数据包括 EIU 全球宏观数据库、环亚经济数据有限公司 CEIC 数据库、Penn World Table（佩恩表）、世界银行 WDI 和 IMF 的 IFS 数据库，需要根据研究目标进行选取和组合。另一方面，产业层面及微观层面的数据来源于国家统计局、中经网统计数据库、国研网的战略性信息产业数据库、1998 ~ 2007 年的中国工业企业和 2000 ~ 2006 年的海关进出口企业以及后来新增的 2007 ~ 2009 年、2010 ~ 2012 年、2013 ~ 2015 年以及 2016 年的海关进出口企业的大样本数据。由于这些原始数据在统计方面比较粗糙，存在诸如统计误差、指标缺失、内容重复及内容不完整等问题，因此，在使用前将结合本书的需要根据权威方法对数据进行全面整理。另外，由于两个数据库的来源不同，也将根据诸如企业名称和电话号码等公共字段名进行合并处理。

步骤2：中国的产业结构调整与经济周期波动的特征事实。

中国经济发展大致可以分为改革开放前和改革开放后两个阶段，在不同阶段，产业结构及经济周期呈现明显不同的特征。鉴于经济周期长短的划分方法不统一，综合考虑不同方法的优点和缺点，可大致分为短周期、中周期和长周期，运用谷底—波峰方法、HP 滤波、时间趋势平稳、ARMA 趋势平稳等趋势分析方法对中国 GDP 增长变化序列、第一产业、第二产业及第三产业的变化发展情况进行趋势分解，并在考察中国经济运行特征事实的基础上，以产生经济周期波动的内生冲击和外生冲击及传导机制作为主线，研究中国经济周期运行的轨迹及变化规律。对 1978~2017 年的农业、工业以及服务业的产业总值与国内生产总值的相关关系进行详细分析，并对发展趋势和占国民经济的比重变化有深入地理解。

中国的产业结构变化按照三次产业结构调整转型的情况大致可以划分为三个阶段：第一阶段是从 1978 年改革开放到 1991 年；第二阶段是从 1992 年到 2006 年；第三阶段是从 2007 年至今。本部分的研究通过分析第一产业、第二产业以及第三产业在这三个不同阶段的就业弹性（就业增长率和经济增长率之比）、产业结构偏离度（各产业的增加值比重与其对应的劳动力的比重相异程度）、产业贡献率（产业增量/GDP 增量）以及产业拉动力（产业贡献率×GDP 增长率）的变化情况，运用国内省市地区的空间分布数据进行充分研究，总结中国产业结构调整与经济周期波动的特征事实。

步骤 3：中国的战略性新兴产业与传统产业耦合发展的理论研究。

理论模型的构建是本书项目的核心内容之一。作为后续实证研究的理论基础，模型的构建基于产业发展理论和世界经济周期传导机制的经典研究理论，并结合企业异质性理论构建理论模型。理论的创新主要体现在三方面：首先，在对宏观数据分析的基础之上深入产业及微观层面，运用含有异质性企业元素的中国海关数据；其次，在理论模型中引入不同类别的贸易品，从 UNcomtrade 数据库中搜集并整理各国按照 BEC 标准分类的贸易品数据衡量经济协动性的指标；最后，通过结合静态相关性指标的回归模型以及借鉴芒什（2011）嵌套动态因子模型和高丝（2008）的多层动态因子模型构建的多层次、多维度动态因子模型进行比较分析，让两者能够取长补短。

对于模型建立的假设，主要由以下几部分构成：从基本的两国模型出发，假设模型中存在两个国家，本国 H 和外国 F，每个国家都存在家庭、生产以及政府三个部门。家庭在劳动市场上提供劳动并获得工资收入，与此同时，因为持有上一期的债券和储蓄而获得利息收入。个人获得收入后一部分用于消费，一部分用于通过银行贷款给国内外的企业。生产部门可以按照行业和产品的类型进行划分。政府通过税收和铸币税支付开支，并制定财政政策和货币政策调节国内和国际经济协调。在此基础上，模型将从两国拓展到多国，循序渐进地建立模型，逐步将战略性新兴产业及传统产业的数据信息引入模型。

在两国模型的基础上探讨世界经济周期的传导及生成机制，从内部冲击开始，即从世界经济体系内部的、国与国之间同一部门或不同部门之间经济的相互影响开始。一层冲击是在一国内各个经济总量之间、各经济部门之间的传导；另一层传导则是世界经济周期形成过程中由于国家之间的多重经济联系使得一国的经济波动向另一国经济扩散的过程。

步骤4：中国的战略性新兴产业与传统产业耦合发展的实证研究。

从产业发展阶段的理论视角深入分析发达国家新兴产业的成长过程，对我国现阶段制定战略性新兴产业的培育及其发展路径具有一定的学习借鉴效应。综合运用层次分析法（AHP）、信息熵法（IE）、主成分分析法（PCA）以及组合赋权法等评价方法构建战略性新兴产业的系统评价体系，分层次，多维度对新能源、新材料、节能环保、高端装备制造、信息技术等每一类战略性新兴产业的培育与发展进行了深入研究。

由于静态分析的计量模型通常不能反映变量的滞后效应，不能捕捉时间的动态效应。由于中国与世界经济周期的传导渠道主要通过国际贸易、国际金融及国际政策协调来实现，产业结构的调整也会受到这三个传导渠道的影响。为了进一步深入研究经济全球化、新常态经济及"一带一路"背景下，中国的产业结构与国内经济周期波动以及世界经济周期的动态关联情况，该部分的研究采用向量自回归模型（VAR）、格兰杰因果检验、脉冲响应分析、运用交叉相关技术（cross-correlation）、多种滤波分析法以及目前比较前沿的动态因子分析模型（dynamic factor）、双重差分以及断点回归等计量方法，定量分析世界共同影响因子、地区共同影响因子以及国家共同影响因子对我国产业结构及世界经济周期关联度的影响程度。

稳健性检验及敏感性分析：当完成基本估值之后，模型将通过改变衡量变量的数据处理方法来检验模型的稳健性。首先，对静态模型中用于衡量经济周期协动性的变量分别采用HP滤波去势法、线性去势等方法后再对结果进行比较。其次，对模型中经济周期划分年份选取、划分长度进行对比，并对包含经济危机的年份进行剔除后对比结果是否有比较大的改变。最后，在动态因子分解模型中，借鉴高丝（2008）的研究成果，稳健性检验可以通过以下三方面检验模型的敏感性来实现。第一方面是对国家组成员的多重选择进行检验和比较分析，通过在每一个国家组中选择更小的分组提取共同因子，这一检验是为了更准确地揭示和定位国家组因子，将特定国家组产生的影响因子干扰从共有因子中分离出来。第二方面是考察用统计计量模型得到的结果来检验每一个国家的情况是否符合模型从统计均值的角度计算得到的结果，可以通过对样本中的每一个国家进行多层动态因子分解来完成。第三方面是对全球性经济危机影响的处理，考虑到全球性经济危机对世界经济体的广泛影响，使得所有因子对经济变量的解说能力整体性地提高，为了排除这一干扰，可以通过加入代表危机的dummy variable重新对模型进行估计。

步骤5：协调中国的战略性新兴产业与传统产业的相关政策建议。

在总结理论与实证研究结果的基础上，该部分内容会提出协调中国的战略性新兴产业与传统产业关系的政策建议。一方面，对微观层面企业异质性研究的相关政策启示。在供给侧结构性改革和新常态经济背景下，如何测算以战略性新兴产业中的高新技术企业为代表的微观层面经济周期波动的规律和对经济运行的影响，并协调战略性新兴产业与传统产业的关系具有重大政策意义。另一方面，培育和发展战略性新兴产业与促进传统产业的转型升级过程中的利益协调机制。战略性新兴产业的培育和发展需要正确处理政府推动与市场主体之间的关系，充分发挥市场和政府"两只手"的作用。针对政府与企业不同的主体，从产业与市场不同的角度建立相关利益协调机制，使得各个主体在不损害其他主体利益的前提下获得最优。

7.5.2 关键技术说明

（1）关键变量衡量指标的选取：这是本书研究的一个重点。首先，经济周期指标变量的选取是否能够抓住经济周期的变化规律，体现经济周期运行状况和宏观经济变量的变动特征，需要遵循周期指标的评价标准。评价标准主要是从经济上的重要性、统计上的充分性、对周期强度的要求、周期方向的一致性、序列的平滑性以及数据的及时性这6个方面进行考量。比如，对经济周期协动性的衡量，通常对GDP、工业产出、就业、失业等关键宏观经济变量做相关性系数分析Correlations；双边贸易强度指标的选取和衡量方法也有不同的形式：只与国际贸易有关的指标或者只与名义GDP相关的指标，根据研究的侧重点，可以将多种指标进行替换代入模型，进行稳健性检验及敏感性分析。

（2）动态影响因子的提取：在动态因子模型中对于世界共同影响因子、区域共同影响因子以及国别共同影响因子这三个不同层次因子的提取，需要通过动态因子模型中的前期有效筛选过程来完成。证明世界共同因子存在与否就是该部分的分析重点，可以通过比较加入世界共同因子与省略世界共同因子这两种情况，得到的不同结果进行分析，如果省略世界共同因子之后，区域共同因子解释目标变量方程分解结果的比重显著上升，则可以得到引起目标变量区域共同影响因子解释力上升的重要原因是世界共同因子的驱动，从而证明世界共同因子的存在。另外，对于特定经济体组成的国家组共同因子的提取，为了更加准确地辨析特定地理区域或特定经济类型国家的共同因子，可以对国家组成员的多重选择进行检验和比较分析，通过在每一个国家组中选择更小的分组提取共同因子，这一检验是为了更准确地揭示和定位国家组因子，将特定国家组产生的影响因子干扰从共有因子中分离出来。

（3）对于内生性问题的处理：大量研究结果表明，贸易传导对于经济周期协动性的影响呈现显著的正相关关系。一方面，贸易的发展能够提高各国经济周期的协动性，从而形成世界经济周期；另一方面，国家之间经济周期协动性的提高也可以反过来促进贸易强度的提高。因此，这里存在内生性问题。对于这样由于双向因果关系而导致的内生性问题，现有文献一般通过取解释变量（这里为贸易强度）滞后一期进行解决（Greenaway et al.，2008）。然而，这种方法只能暂时缓解内生性带来的估计问题，最好的方法还是寻找工具变量。为此，本书将借鉴狄斯和恩·荣惹尔（2012）的方法，构建衡量贸易强度的不同类型的工具变量：

$$BT1_{i,j,t} = \ln \frac{(X_{i,j,t} + M_{i,j,t})}{(X_{i,t} + X_{j,t} + M_{i,t} + M_{j,t})} \qquad (7.6)$$

$$BT2_{i,j,t} = \ln \frac{(X_{i,j,t} + M_{i,j,t})}{(Y_{i,t} + Y_{j,t})} \qquad (7.7)$$

第8章

总结与展望

8.1 研究结论

本书围绕"一带一路"、经济周期以及战略性新兴产业展开论述，分别对经济周期、产业内贸易及国际政策协调，中国的增加值贸易与经济周期协动性，"一带一路"沿线国家与中国的贸易发展，国外宏观经济政策的溢出效应分析，金融经济周期下的宏观稳定政策，战略性新兴产业国际化发展研究进行了研究。主要工作可以归纳为以下几个方面。

（1）国际贸易、国际直接投资和产业内贸易水平的提高都会增加我国与其他国家的经济协动性，而产业结构的差异则会降低我国与其他国家的经济协动性。

（2）回归系数表明，国际贸易对经济协动性的影响要明显高于国际直接投资对经济协动性的影响。

（3）以产业贸易为主的两国间经济协动性较高。鉴于此，本书提出了加大增加值贸易研究，正确测算实际贸易状况；优化贸易出口结构，实现贸易结构的多元化；通过全球经济治理上的协调来减少外部经济冲击对我国的负面影响等的几点政策建议。

（4）地理距离、边界及区域协定对中国与"一带一路"沿线国家之间贸易的显著影响表明灯光数据对贸易研究的有效性。同时，对 1996 ~ 2012 年贸易趋势的预测与实际贸易的对比结果显示，以灯光数据预测的"一带一路"贸易趋势与实际贸易基本吻合。

（5）在固定汇率制度下，冲销式干预与非冲销式干预也可能产生不同的反应。理论分析基于不同的情形组合。实证数据支撑理论分析的结果。

研究结果对政策相关性或协调性研究具有一定的现实意义，并且还揭示了经济周期在真实经济中的传导情况。

（6）在吸收已有研究成果的基础上，借用博弈论的思想，以全新的视角建立一个考虑国家之间力量不均等及微观企业理性决策假设的动态博弈模型，为系统全面地研究金融经济周期下的宏观稳定政策提供新思维。

（7）在研究经济周期协动性的基础上进行拓展和深化，围绕战略性新兴产业的国际化发展研究方向展开，以及传统产业升级和战略性新兴产业的协调发展具有重要的现实意义。

8.2　研究展望

对于经济周期的研究，虽然国内外可以借鉴的经验和成果比较多，但是，围绕产业层面以及异质性企业展开的深入研究并不多，这为之后的研究提供了具体的方向。同时，战略性新兴产业的概念，是居于中国国情提出来的，具有中国特色的一个特定概念，对于战略性新兴产业的培育与发展及其与传统产业的协同发展的研究也并不多，这也为进一步深入研究提供了方向。

（1）在对经济周期与金融周期传导机制的研究中，围绕产业层面以及异质性企业展开的深入研究有待进一步深入。包括从全球价值链的角度，以增加值贸易为出发点的多层面、多维度的深入分解。

（2）研究"一带一路"沿线国家（地区）与中国的出口贸易引力模型中可以有效解决由 GDP 带来的解释力不足的问题。通过引力模型初步构建了灯光数据对贸易研究的可行性，拓展性的延伸研究可以结合引力模型的最新发展从微观层面分析展开拓展性的相关研究。目前，微观层面的研究机制还有待进一步地深入研究。

（3）研究战略性新兴产业的培育及其与传统产业升级的协同发展促进量化机制非常具有现实意义。本书首次将动态因子模型运用于战略性新兴产业与传统产业耦合促进的实证研究中，对于多层次、多维度动态因子的应用：综合多重指标，进行多维度的全面分析，从而找到具体变量、抽象变量和政策变量相匹配的契合点。在全球化背景下，寻找战略性新兴产业的国际化发展路径以及战略性新兴产业与传统产业的促进机制，有待进一步地深入研究。

参 考 文 献

［1］蔡漳平、叶树峰：《耦合经济》，冶金工业出版社 2011 年版。

［2］曹江宁：《中国战略性新兴产业发展评价与路径选择研究》，河北大学博士学位论文，2015 年。

［3］曹永琴、李泽祥：《中国金融经济周期与真实经济周期的动态关联研究》，载《统计研究》2009 年第 5 期，第 9~16 页。

［4］岑丽君：《经济周期协动及国际经济政策协调研究》，浙江工业大学博士学位论文，2012 年。

［5］陈强：《高级宏观经济学及 Stata 应用（第二版)》，高等教育出版社 2014 年版，第 373 页。

［6］陈雯、李强：《全球价值链分工下我国出口规模的透视分析——基于增加值贸易核算方法》，载《财贸经济》2014 年第 7 期。

［7］陈锡康：《完全综合能耗分析》，载《系统科学与数学》1981 年第 1 期，第 12~21 页。

［8］陈雨露、马勇、阮卓阳：《金融周期和金融波动如何影响经济增长与金融稳定?》，载《金融研究》2016 年第 2 期，第 1~22 页。

［9］程贵孙、芮明杰：《战略性新兴产业理论研究新进展》，载《商业经济与管理》2013 年第 8 期，第 75~83 页。

［10］程惠芳、岑丽君：《FDI、产业结构与国际经济周期协动性研究》，载《经济研究》2010 年第 9 期，第 17~28 页。

［11］程宇：《创新驱动下战略性新兴产业的金融制度安排——基于"适应性效率"的分析》，载《南方金融》2013 年第 3 期，第 12~17 页。

［12］池京均：《金融危机后中日韩经济周期协动性和影响因素的确定性分析》，吉林大学硕士学位论文，2011 年。

［13］初睿、张健、葛新权：《高新技术园区经济周期波动特征及成因分析》，载《数量经济技术经济研究》2018 年第 3 期，第 132~149 页。

［14］邓创、徐曼：《中国的金融周期波动及其宏观经济效应的时变特

征研究》，载《数量经济技术经济研究》2014 年第 31 卷第 9 期，第 75 ~ 91 页。

[15] 邓军：《所见非所得：增加值贸易统计下的中国对外贸易特征》，载《世界经济研究》2014 年第 1 期，第 35 ~ 40 页、第 88 页。

[16] 丁强、张向群：《区域经济转型升级：基于战略性新兴产业与传统产业耦合发展的推动》，载《科技与管理》2015 年第 17 卷第 4 期，第 72 ~ 77 页。

[17] 董树功：《协同与融合：战略性新兴产业与传统产业互动发展的有效路径》，载《现代经济探讨》2013 第 2 期，第 71 ~ 75 页。

[18] 杜群阳、朱剑光：《产业内贸易对东亚经济周期协动性影响的实证研究》，载《国际贸易问题》2011 年第 12 期，第 81 ~ 89 页。

[19] 段婕、孙明旭：《高技术产业、传统产业与区域经济三系统耦合协调度实证研究》，载《科技进步与对策》2017 年第 34 卷第 23 期，第 54 ~ 63 页。

[20] 范子英、彭飞、刘冲：《政治关联与经济增长——基于卫星灯光数据的研究》，载《经济研究》2016 年第 1 期。

[21] 方芳、刘鹏：《中国金融顺周期效应的经济学分析》，载《国际贸易问题》2010 年第 8 期，第 120 ~ 128 页。

[22] 方建春、杜群阳：《中国与东亚经济周期的协动性研究》，载《北方经济》2010 年第 14 期。

[23] 冯碧芸、张向群、唐新贵：《宁波市战略性新兴产业与传统产业耦合发展研究》，载《科技与经济》2015 年第 28 卷第 2 期，第 56 ~ 60 页。

[24] 冯晓莉：《中国与主要贸易伙伴经济周期协动性的影响因素研究》，厦门大学博士学位论文，2014 年。

[25] 高雪：《耦合视角下吉林省战略性新兴产业发展对策》，长春理工大学博士学位论文，2014 年。

[26] 高雪莲：《新兴产业国内外研究综述——基于新兴产业和新兴产业集群的视角》，载《郑州轻工业学院学报》（社会科学版）2014 年第 15 卷第 4 期，第 36 ~ 42 页。

[27] 顾强、董瑞青：《我国战略性新兴产业研究现状述评》，载《经济社会体制比较》2013 年第 3 期，第 229 ~ 236 页。

[28] 关晓琳、卢文光：《基于产业生命周期的技术创新与战略性新兴产业协调度研究》，载《中国集体经济》2015 第 18 期，第 50 ~ 53 页。

[29] 郭晶、姚宇静:《世界经济周期研究述评》,载《经济纵横》2009 年第 6 期。

[30] 国家信息中心"一带一路"大数据中心,《"一带一路"大数据报告(2016)》,商务印书馆 2016 年版。

[31] 国家统计局统计数据,2018,http://data.stats.gov.cn/。

[32] 韩向娣、周艺、王世新、刘瑞、姚尧:《夜间灯光遥感数据的GDP 空间化处理方法》,载《地球信息科学学报》2012 年第 1 期,第 128 ~ 136 页。

[33] 郝景芳、马弘:《引力模型的新进展及对中国对外贸易的检验》,载《数量经济技术经济研究》2012 年第 10 期。

[34] 何春生:《关于经济周期协动性研究的述评》,载《商业经济》2012 年第 4 期。

[35] 何洋、程辉、唐亮:《基于 DMSP/OLS 数据的我国省级经济发展水平研究》,载《地理空间信息》2014 第 2 期,第 79 ~ 82 页、第 9 页。

[36] 胡大立、谌飞龙、刘志虹、殷宵雯、伍亮:《超网络链视角下的战略性新兴产业全球价值链高端攀升研究》,载《经贸实践》2017 年第 20 期,第 298 页。

[37] 胡健:《战略性新兴产业与传统产业协同发展研究》,东北财经大学博士学位论文,2015 年。

[38] 胡燕:《资源型城市传统优势产业与战略性新兴产业耦合机理与转型研究》,南京财经大学博士学位论文,2015 年。

[39] 黄凡岩:《怀宁县战略性新兴产业选择与培育研究》,安徽大学博士学位论文,2014 年。

[40] 黄红梅:《中日韩三国经济周期协动性的经验研究》,吉林大学博士学位论文,2008 年。

[41] 霍影、李巍巍、王春梅:《黑龙江省战略性新兴产业培育与传统优势产业升级协同发展策略研究》,载《统计与咨询》2015 年第 2 期,第 24 ~ 25 页。

[42] 霍影:《渐进式创新与跨越式变革:我国战略性新兴产业与传统产业耦合发展述评》,载《产经评论》2014 年第 5 卷第 4 期,第 18 ~ 26 页。

[43] 霍影:《战略性新兴产业、传统产业与区域经济空间协调发展度研究——基于三子系统耦合系统的分析框架》,载《情报杂志》2012 年第 31 卷第 12 期,第 180 ~ 185 页、第 157 页。

[44] 贾怀勤：《增加值贸易统计的意义、研究途径和应用前景——贾怀勤答某权威媒体采访的前呼后应》，载《经济统计学》（季刊）2013年第1期，第197~201页。

[45] 金春、李薇：《战略新兴产业发展的制度创新研究——以石家庄为例》，载《石家庄学院学报》2016年第18卷第1期，第56~59页。

[46] 鞠华莹、李光辉：《建设21世纪海上丝绸之路的思考》，载《国际经济合作》2014年第9期，第55~58页。

[47] 赖瑾慕：《战略性新兴产业与传统产业耦合系统分析与评价》，天津理工大学博士学位论文，2014年。

[48] 黎春秋：《县域战略性新兴产业选择与培育研究》，中南大学博士学位论文，2012年。

[49] 李宝庆、陈琳：《战略性新兴产业空间演化及区域经济耦合发展研究——以长三角区域为例》，载《人文地理》2014年第29卷第1期，第94~98页。

[50] 李勃昕：《中国战略性新兴产业发展研究》，西北大学博士学位论文，2013年。

[51] 李德仁、李熙：《夜光遥感技术在评估经济社会发展中的应用——兼论其对"一带一路"建设质量的保障》，载《宏观质量研究》2015年第4期，第1~8页。

[52] 李庆华、李海燕：《区域内贸易对经济周期协动性的影响分析——以亚洲6个经济体为例》，载《经济视角》（上）2013年第1期。

[53] 李少林：《战略性新兴产业与传统产业的协同发展——基于省际空间计量模型的经验分析》，载《财经问题研究》2015年第2期，第25~32页。

[54] 李世才：《战略性新兴产业与传统产业耦合发展的理论及模型研究》，中南大学博士学位论文，2010年。

[55] 李晓霞：《产业内贸易对经济周期协动性的影响》，浙江大学博士学位论文，2013年。

[56] 李旸、李天德、陈少炜：《当前世界经济周期波动的新特征及中国的对策》，载《经济学家》2013年第10期，第94~102页。

[57] 李昕、徐滇庆：《中国外贸依存度和失衡度的重新估算——全球生产链中的增加值贸易》，载《中国社会科学》2013年第1期，第29~55页、第205页。

[58] 连远强：《供给侧跨界耦合视角下产业创新发展研究》，载《科技进步与对策》2016 年第 33 卷第 20 期，第 63 ~ 68 页。

[59] 连远强：《战略性新兴产业培育的文献综述与集群联盟耦合培育战略的提出》，美国信息工程研究所，2013 年社会科学研究国际会议论文集（SSR2013V2），2013 年 5 月。

[60] 梁军、赵方圆：《新兴产业与传统产业互动发展的区域差异与变动趋势——基于灰色关联模型的实证研究》，载《产经评论》2014 年第 5 卷第 6 期，第 5 ~ 16 页。

[61] 梁威、刘满凤：《战略性新兴产业与区域经济耦合协调发展研究——以江西省为例》，载《华东经济管理》2016 年第 30 卷第 5 期，第 14 ~ 19 页。

[62] 梁晓：《中美经济周期的协动性研究》，首都经济贸易大学博士学位论文，2013 年。

[63] 林伯强、黄光晓：《能源金融》，清华大学出版社 2011 年版。

[64] 林章岁、李喜兰、刘林、林红阳、易杨、沈豫：《战略性新兴产业与传统产业耦合发展的实证研究》，载《经济研究导刊》2017 年第 17 期，第 49 ~ 50 页、第 62 页。

[65] 刘刚等：《战略性新兴产业发展的机制和路径：价值网络的视角》，中国财政经济出版社 2012 年版。

[66] 刘洪愧、张定胜、邹恒甫：《新兴市场与全球价值链——基于增加值贸易的视角》，载《中央财经大学学报》2015 年第 12 期，第 85 ~ 99 页。

[67] 刘华志：《基于产业链的视角江西省战略性新兴产业集群生态创新的内在机理分析》，载《中国战略新兴产业》2017 年第 48 期，第 73 页、第 75 页。

[68] 刘佳刚、汤玮：《战略性新兴产业发展演化规律及空间布局分析》，载《中国科技论坛》2015 年第 4 期，第 57 ~ 62 页。

[69] 刘丽萍：《全球价值链与贸易增加值的核算》，载《国际经济评论》2013 年第 4 期，第 110 ~ 115 页、第 7 页。

[70] 刘明娟：《安徽省战略性新兴产业与传统产业耦合发展策略研究——以节能环保产业与纺织产业为例》，载《湖北经济学院学报》（人文社会科学版）2015 年第 12 卷第 1 期，第 32 ~ 33 页。

[71] 刘修岩、刘茜：《对外贸易开放是否影响了区域的城市集中——

来自中国省级层面数据的证据》，载《财贸研究》2015 年第 3 期，第 69 ~ 78 页。

[72] 刘战雄：《基于生态技术的广东战略性新兴产业发展研究》，华南理工大学博士学位论文，2013 年。

[73] 罗斐、庄起善：《贸易强度对东亚国家和地区经济波动同步性的影响》，载《世界经济研究》2005 第 2 期，第 20 ~ 25 页。

[74] 吕朝凤、黄梅波：《国际贸易、国际利率与中国实际经济周期——基于封闭经济和开放经济三部门 RBC 模型的比较分析》，载《管理世界》2012 年第 3 期。

[75] 马勇、冯心悦、田拓：《金融周期与经济周期——基于中国的实证研究》，载《国际金融研究》2016 年第 10 期，第 3 ~ 14 页。

[76] 梅冬州、王子健、雷文妮：《党代会召开、监察力度变化与中国经济周期波动》，载《经济研究》2014 年第 3 期，第 47 ~ 61 页。

[77] 梅冬州、赵晓军、张梦云：《贸易品类别和国际经济周期协动性》，载《经济研究》2012 年增 2 期，第 144 ~ 155 页。

[78] 梅冬州、赵晓军：《资产互持与经济周期跨国传递》，载《经济研究》2015 年第 4 期。

[79] 孟庆强、郭凤艳、冯静、刘炜、王军涛：《战略性新兴产业与传统产业互动耦合发展研究——以河北省为例》，载《现代商业》2016 年第 21 期，第 83 ~ 84 页。

[80] 欧阳志刚：《中国经济增长的趋势与周期波动的国际协同》，载《经济研究》2013 年第 7 期，第 35 ~ 48 页。

[81] 潘文卿、李跟强：《垂直专业化、贸易增加值与增加值贸易核算——全球价值链背景下基于国家（地区）间投入产出模型方法综述》，载《经济学报》2014 年第 4 期。

[82] 潘文卿、娄莹、李宏彬：《价值链贸易与经济周期的联动：国际规律及中国经验》，载《经济研究》2015 年第 11 期。

[83] 彭斯达、陈继勇：《中美经济周期的协动性研究：基于多宏观经济指标的综合考察》，载《世界经济》2009 年第 32 卷第 2 期，第 37 ~ 45 页。

[84] 乔鹏亮：《广西战略性新兴产业与传统产业耦合发展研究》，载《广西社会科学》2014 年第 3 期，第 24 ~ 27 页。

[85] 秦广虎：《安徽省战略性新兴产业与传统产业协同发展研究》，

载《宿州学院学报》2016 年第 31 卷第 1 期，第 13~15 页、第 49 页。

[86] 秦广虎：《我国战略性新兴产业与传统产业协同发展研究述评》，载《淮海工学院学报》（人文社会科学版）2016 年第 14 卷第 3 期，第 99~102 页。

[87] 秦浩明：《战略性新兴产业与金融协同发展研究》，暨南大学博士学位论文，2014 年。

[88] 清华大学中国与世界经济研究中心：《丝绸之路经济带——发展前景及政策建议》，中国经济网，2014 年。

[89] 邱峰：《战略性新兴产业发展问题及财税对策——以江苏省镇江市为例》，载《当代经济》2011 年第 10 期，第 44~45 页。

[90] 任希丽、张兵、李可爱：《经济周期协动性的影响因素分析——基于中国与其东亚贸易伙伴的实证研究》，载《现代财经》（天津财经大学学报）2013 年第 3 期。

[91] 任志祥、宋玉华：《我国与东亚区域内贸易及经济周期的协动性研究》，载《国际贸易问题》2004 年第 5 期。

[92] 任志祥、宋玉华：《中外产业内贸易与经济周期协动性的关系研究》，载《统计研究》2004 年第 5 期。

[93] 任志祥：《中国经济波动与世界经济周期的协动性研究》，浙江大学博士学位论文，2004 年。

[94] 施红星：《基于科技生产力流动视角的战略性新兴产业成长问题研究》，南京航空航天大学博士学位论文，2013 年。

[95] 石柱鲜、黄红梅、邓创：《贸易对中日韩经济周期协动性的影响研究》，载《东北亚论坛》2009 年第 4 期。

[96] 石柱鲜、李玉梅、黄红梅：《产业结构变化对中日韩经济周期协动性的影响》，载《现代日本经济》2010 年第 4 期。

[97] 石柱鲜、李玉梅、黄红梅：《世界经济周期共性因素识别与协动性影响因素的研究动态》，载《延边大学学报》（社会科学版）2010 年第 3 期。

[98] 史雅茹、严汉平、李冀：《战略性新兴产业的增长效率和发展质量——一个文献述评》，载《生产力研究》2013 年第 12 期，第 193~196 页。

[99] 宋歌：《战略性新兴产业集群式发展研究》，武汉大学博士学位论文，2013 年。

[100] 宋俊秀：《战略性新兴产业与传统优势产业耦合发展研究》，兰州商学院博士学位论文，2012 年。

[101] 宋清林：《战略性新兴产业与区域协同创新耦合发展研究》，天津大学博士学位论文，2016 年。

[102] 宋玉华、方建春：《中国与世界经济波动的相关性研究》，载《财贸经济》2007 年第 1 期，第 104～110 页。

[103] 宋玉华等：《世界经济周期理论与实证研究》，商务印书馆 2007 年版。

[104] 宋玉华、李泽祥：《金融经济周期理论研究新进展》，载《浙江大学学报》2007 年第 4 期，第 163～171 页。

[105] 宋玉华、周阳敏：《世界经济周期的协同性与非协同性研究综述》，载《经济学动态》2003 年第 12 期，第 81～85 页。

[106] 苏应蓉、徐长生：《东亚汇率波动联动性的原因分析——基于区域经济一体化角度的思考》，载《国际金融研究》2009 年第 6 期。

[107] 孙国民：《战略性新兴产业生态系统耦合模式研究——以产城耦合为例》，载《科技进步与对策》2017 年第 34 卷第 10 期，第 46～52 页。

[108] 孙敏：《战略性新兴产业发展研究综述及反思》，载《中共宁波市委党校学报》2015 年第 37 卷第 2 期，第 123～128 页。

[109] 孙希芳：《一个制度变迁的动态博弈模型》，载《经济学动态》2001 年第 12 期，第 26～29 页。

[110] 孙阳：《贸易模式、贸易密度与经济周期协动性——对中国及其主要贸易国的实证研究》，载《世界经济情况》2009 年第 1 期。

[111] 谭蓉娟、刘贻新：《战略性新兴产业科技创新与金融创新耦合效率研究——基于上市公司数据的实证分析》，载《科技管理研究》2015 年第 35 卷第 24 期，第 110～115 页。

[112] 汤西桥：《中国与"一带一路"国家经济周期协动性研究》，华东师范大学博士学位论文，2016 年。

[113] 唐宏、张雨微：《战略性新兴产业的人才供求特征及人才战略》，载《经济研究导刊》2014 年第 10 期，第 251～253 页。

[114] 王华：《海峡两岸经济周期协动性的典型事实》，载《台湾研究》2013 年第 2 期。

[115] 王卉彤、刘靖、雷丹：《新旧两类产业耦合发展过程中的科技金融功能定位研究》，载《管理世界》2014 年第 2 期，第 178～179 页。

[116] 王卉彤、刘靖、赵国钦：《城市经济转型途径研究——基于新旧两类产业耦合互动视角》，载《城市发展研究》2014年第21卷第1期，第37~41页、第53页。

[117] 王晋斌：《进入周期性弱复苏阶段的世界经济——兼论"双周期"的逐步耦合是世界经济持续复苏的关键》，载《安徽大学学报》（哲学社会科学版）2018年第42卷第1期，第141~149页。

[118] 王开科：《我国战略性新兴产业"阶梯式"发展路径选择——基于马克思资源配置理论视角的分析》，载《经济学家》2013年第6期，第21~29页。

[119] 王岚：《融入全球价值链对中国制造业国际分工地位的影响》，载《统计研究》2014年第5期。

[120] 王小明：《区域传统优势产业与战略性新兴产业协同融合发展研究》，载《经济体制改革》2016年第4期，第50~55页。

[121] 王勇、傅雄广、魏强：《外部冲击下的中国与世界经济波动协同性研究》，载《世界经济研究》2010年第7期，第15~21页。

[122] 王友转：《我国战略性新兴产业的文献计量和可视化分析》，载《科技视界》2015年第13期，第39~40页。

[123] 王云飞：《我国与主要贸易伙伴产业内贸易的相关性分析》，载《世界经济研究》2005年第10期，第47~55页。

[124] 魏雷：《战略性新兴产业与传统产业最优资本配置研究》，辽宁大学博士学位论文，2017年。

[125] 吴宛珊：《中国与东亚：经济周期的协动性和传导机制研究》，浙江大学博士学位论文，2009年。

[126] 武建龙、王宏起：《战略性新兴产业突破性技术创新路径研究——基于模块化视角》，载《科学学研究》2014年第32卷第4期，第508~518页。

[127] 肖文、潘家栋、李晓霞：《中国与东亚产业内贸易对经济周期协动性的影响》，载《浙江学刊》2015年第3期。

[128] 谢孟军：《文化能否引致出口："一带一路"的经验数据》，载《国际贸易问题》2016年第1期，第3~13页。

[129] 熊豪、李天德、王岳龙：《世界大国经济波动对中国经济影响的贸易传导机制研究——以东盟为例基于面板数据的贸易传导机制分析》，载《世界经济与政治论坛》2009年第3期。

［130］熊勇清著：《战略性新兴产业与传统产业互动耦合发展研究》，经济科学出版社 2013 年版。

［131］熊勇清、曾丹：《战略性新兴产业的培育与发展：基于传统产业的视角》，载《重庆社会科学》2011 年第 4 期，第 49～54 页。

［132］熊勇清、李世才：《战略性新兴产业与传统产业的良性互动发展——基于我国产业发展现状的分析与思考》，载《科技进步与对策》2011 年第 28 卷第 5 期，第 54～58 页。

［133］熊勇清、李世才：《战略性新兴产业与传统产业耦合发展的过程及作用机制探讨》，载《科学学与科学技术管理》2010 年第 31 卷第 11 期，第 84～87 页、第 109 页。

［134］熊勇清、李世才：《战略性新兴产业与传统产业耦合发展研究》，载《财经问题研究》2010 年第 10 期，第 38～44 页。

［135］徐晔、闫娜娜、胡志芳：《生物医药产业与农业耦合发展的实证研究——以江西省为例》，载《企业经济》2014 年第 9 期，第 109～112 页。

［136］许慧珍：《转型升级形势下传统产业与电子商务融合发展研究——以广东省汕头市为例》，载《科技管理研究》2014 年第 34 卷第 10 期，第 149～153 页、第 165 页。

［137］薛新伟：《隐性因素以及包括隐性因素的投入产出模型》，载《技术经济与管理研究》2000 年第 12 期，第 34～39 页。

［138］闫娜娜：《江西省战略性新兴产业带动传统产业升级的实证研究》，江西财经大学博士学位论文，2015 年。

［139］闫云凤：《中日韩在全球价值链中的地位和作用——基于贸易增加值的测度与比较》，载《世界经济研究》2015 年第 1 期。

［140］杨子晖、田磊：《中国经济与世界经济周期协同性研究》，载《世界经济》2013 年第 1 期，第 81～102 页。

［141］俞之胤：《长春市战略性新兴产业创新能力评价及提升对策研究》，吉林大学博士学位论文，2015 年。

［142］袁艳平：《战略性新兴产业链构建整合研究》，西南财经大学博士学位论文，2012 年。

［143］袁中华：《我国新兴产业发展的制度创新研究》，西南财经大学博士学位论文，2011 年。

［144］苑清敏、高凤凤、邱静、申婷婷：《我国战略性新兴产业与传统产业耦合影响力研究》，载《科技管理研究》2015 年第 35 卷第 19 期，

第 103 ~ 107 页、第 129 页。

[145] 苑清敏、赖瑾慕：《战略性新兴产业与传统产业动态耦合过程分析》，载《科技进步与对策》2014 年第 31 卷第 1 期，第 60 ~ 64 页。

[146] 张峰、杨建君、黄丽宁：《战略性新兴产业研究现状评述：一个新的研究框架》，载《科技管理研究》2012 年第 32 卷第 5 期，第 18 ~ 22 页、第 29 页。

[147] 张会平：《关于加速推进河北省战略性新兴产业的研究》，河北经贸大学博士学位论文，2013 年。

[148] 张健民：《安徽省战略性新兴产业选择和发展研究》，安徽工业大学博士学位论文，2012 年。

[149] 张倩男：《战略性新兴产业与传统产业耦合发展研究——基于广东省电子信息产业与纺织业的实证分析》，载《科技进步与对策》2013 年第 30 卷第 12 期，第 63 ~ 66 页。

[150] 张晓晶、王宇：《金融周期与创新宏观调控新维度》，载《经济学动态》2016 年第 7 期，第 12 ~ 20 页。

[151] 张训：《战略性新兴产业发展的金融支持研究》，长沙理工大学博士学位论文，2012 年。

[152] 赵莹、王宏杰、殷兆玺：《辽宁战略性新兴产业与传统产业的关联性》，载《辽宁工程技术大学学报》（社会科学版）2017 年第 19 卷第 2 期，第 160 ~ 165 页。

[153] 赵莹、魏雷：《辽宁省战略性新兴产业与传统产业耦合发展研究——基于高端装备制造业与冶金工业的分析》，载《辽宁大学学报》（哲学社会科学版）2017 年第 45 卷第 1 期，第 42 ~ 50 页。

[154] 中国社会科学院经济研究所宏观经济课题组：《智说（6），2018：防控金融风险是首要攻坚任务》，载《中国经济时报》2018 年 1 月 9 日。

[155] 周成金：《我国战略性新兴产业发展对就业结构的影响》，湖南大学博士学位论文，2014 年。

[156] 周明生、陈文翔：《经济波动、宏观调控与产业结构调整研究》，中国金融出版社 2016 年版。

[157] 周炎、陈昆亭：《金融经济周期理论研究动态》，载《经济学动态》2014 年第 7 期，第 128 ~ 138 页。

[158] 周炎、陈昆亭：《金融经济周期模型拟合中国经济的效果检

验》，载《管理世界》2012 年第 6 期，第 17～29 页、第 187 页。

［159］周炎、黄晶、魏熙晔、陈昆亭：《金融经济周期理论新进展——首届中国金融经济周期论坛综述》，载《经济研究》2016 年第 1 期，第 187～192 页。

［160］周艳波：《中国东盟经济周期同步性及传导机制研究》，载《财经理论研究》2014 年第 1 期，第 58～63 页。

［161］周远翔：《安徽省战略性新兴产业和传统产业耦合发展的统计研究》，安徽财经大学博士学位论文，2015 年。

［162］Alan V. Deardorff, Terms of Trade: Glossary of International Economics, Second Edition. Hackensack, NJ and London: World Scientific, 2014, pp. xv, 599.

［163］Alicia García－Herrero and Juan M. Ruiz, Do Trade and Financial Linkages Foster Business Cycle Synchronization in a Small Economy? BBVA Bank, Economic Research Department, Working Paper, No. 0801, 2008.

［164］Alicia García－Herrero, Doo-yong Yang and Philip Wooldridge. Why Is There So Little Regional Financial Integration in Asia? *Bank for International Settlements Press & Communications CH* 4002 *Basel*, Switzerland, 2008, No. 38.

［165］Allan W. Gregory, Allen D. Head, and Jacques Raynauld, Measuring World Business Cycles. *International Economic Review*, Vol. 38, No. 3, August 1997, pp. 677－701.

［166］Ariel Burstein, Christopher Kurz, and Linda Tesar, Trade, Production Sharing and the International Transmission of Business Cycles. NBER Working Paper, No. 13731, January 2008.

［167］C. D. Elvidge, B. T. Tuttle, P. C. Sutton, K. E. Baugh, A. T. Howard, and C. Milesi, et al., Global Distribution and Density of Constructed Impervious Surfaces. *Sensors*, Vol. 7, No. 9, 2007, pp. 1962－1979.

［168］C. D. Elvidge, K. E. Baugh, E. A. Kihn, H. W. Kroehl, E. R. Davis, and C. W. Davis, Relation between Satellite Observed Visible-near Infrared Emissions, Population, Economic Activity and Electric Power Consumption. *International Journal of Remote Sensing*, Vol. 18, No. 6, 1997, pp. 1373－1379.

［169］C. D. Elvidge, K. E. Baugh, J. B. Dietz, T. Bland, P. C. Sutton, and H. W. Kroehl, Radiance Calibration of Dmsp-ols Low-light Imaging Data of Human Settlements. *Remote Sensing & Environment*, Vol. 68, No. 1, 1999, pp. 77 – 88.

[170] C. D. Elvidge, et al. , Night-time Lights of the World: 1994 – 1995. *Journal of Photogrammetry & Remote Sensing*, Vol. 56, 2001, pp. 81 – 99.

[171] Cesar Calderon, Alberto Chong and Ernesto Stein, Trade Intensity and Business Cycle Synchronization: Are Developing Countries Any Different? *Journal of international Economics*, Vol. 71, No. 1, March 2007, pp. 2 – 21.

[172] Christopher D Elvidge, M. L. Imhoff, K. E. Baugh, V. R. Hobson, I. Nelson, and J. Safran, et al. Night-time Lights of the World: 1994 – 1995. *Journal of Photogrammetry & Remote Sensing*, Vol. 56, No. 2, 2001, pp. 81 – 99.

[173] Christopher J. Neely and David E. Rapach, International Comovements in Inflation Rates and Country Characteristics. *Journal of International Money and Finance*, Vol. 30, No. 7, November2011, pp. 1471 – 1490.

[174] Christopher N. H. Doll, Jan – Peter Muller, and Jeremy G. Morley, Mapping Regional Economic Activity from Night – Time Light Satellite Imagery. *Ecological Economics*, Vol. 57, No. 1, April 2006, pp. 75 – 92.

[175] Christopher Small and Christopher D. Elvidge, Night on Earth: Mapping Decadal Changes of Anthropogenic Night Light in Asia. *International Journal of Applied Earth Observation and Geo information*, Vol. 22, June 2013, pp. 40 – 52.

[176] Costas Arkolakis and Ananth Ramanarayanan, Vertical Specialization and International Business Cycle Synchronization. *Scandinavian Journal of Economics*, Vol. 111, No. 4, Heterogeneous Firms andInternational Trade, December 2009, pp. 655 – 680.

[177] D. Rodrik, Institutions for High – Quality Growth: What They are and How to Acquire Them. NBER Working Paper, No. 7540, 2000.

[178] David K. Backus, Patrick J. Kehoe and Finn E. Kydland, International Real Business Cycles. *Journal of Political Economy*, Vol. 100, No. 4, August 1992, pp. 745 – 775.

[179] David Hummels, Jun Ishii, and Kei – Mu Yi, The Nature and Growth of Vertical Specialization in World Trade. *Journal of International*

Economics, Vol. 54, No. 1, June 2001, pp. 75 – 96.

[180] Dolores Jane Forbes. Multi-scale Analysis of the Relationship between Economic Statistics and DMSP – OLS Night Light Images. *Mapping Sciences & Remote Sensing*, Vol. 50, No. 5, 2013, pp. 483 – 499.

[181] Emanuel Moench, Serena Ng, and Simon Potter. Dynamic Hierarchical Factor Models: Note. *Review of Economics and Statistics*, Vol. 95, No. 5, December 2013, pp. 1811 – 1817.

[182] Enrique G. Mendoza and Vincenzo Quadrini, Financial Globalization, Financial Crises and Contagion. *Journal of Monetary Economics*, Vol. 57, No. 1, January 2010, pp. 24 – 39.

[183] Eric C. Y. Ng, Production Fragmentation and Business – Cycle Comovement. *Journal of International Economics*, Vol. 82, No. 1, September 2010, pp. 1 – 14.

[184] Eric van Wincoop, A Multi – Country Real Business Cycle Model with Heterogeneous Agents. *Scandinavian Journal of Economics*, Vol. 98, No. 2, June 1996, pp. 233 – 251.

[185] Ester Faia, Finance and International Business Cycles. *Journal of Monetary Economics*, Vol. 54, No. 4, 2007, pp. 1018 – 1034.

[186] Fabio Moneta and Rasmus Ruffer, Business Cycle Dynchronization in East Asia. *Journal of Asian Economics*, Vol. 20, No. 1, January 2009, pp. 1 – 12.

[187] Grace H. Y. Lee and M. Azali, The Endogeneity of the Optimum-Currency Area Criteria in East Asia. Monash Economics Working Paper, No. 15 – 09, 2009.

[188] Ghosh T. et al. , Shedding Light on the Global Distribution of Economic Activity. *Open Geography Journal*, Vol. 3, 2010, pp. 148 – 146.

[189] Guillaume Daudin, Christine Riart, Daniele Schweisguth. Who Produces for Whom in the World Economy? OFCE Working Paper, No. 2009 – 18, 2009.

[190] Guillaume Daudin, Christine Rifflart, and Danielle Schweisguth, Who Produces for Whom in the World Economy? *Canadian Journal of Economics*, Vol. 44, No. 4, November 2011, pp. 1403 – 1437.

[191] H. M. Stefan Gerlach, World Business Cycles under Fixed and

Flexible Exchange Rates. *Journal of Money*, *Credit and Banking*, Vol. 20, No. 4, 1988, pp. 621 – 632.

[192] Herbert J. Grubel and P. J. Lloyd, *Intra-industry Trade: The Theory and Measurement of International Trade in Differentiated Products*. John Wiley & Sons, London, 1975.

[193] J. Vernon Henderson, Adam Storeygard, and David N. Weil, Measuring Economic Growth from Outer Space. *American Economic Review*, Vol. 102, No. 2, April 2012, pp. 994 – 1028.

[194] James E. Anderson and Eric van Wincoop, Gravity with Gravitas: A Solution to the Border Puzzle. *American Economic Review*, Vol. 93, No. 1, March 2003, pp. 170 – 192.

[195] James E. Anderson and Eric van Wincoop, Gravity with Gravitas: A Solution to the Border Puzzle. NBER Working Paper, No. 8079, 2001.

[196] Jean Imbs, Fluctuations, Bilateral Trade and the Exchange Rate Regime. University of Lansanne and New York University, 1998.

[197] Jean Imbs, *Fluctuations*, *Bilateral Trade and the Exchange Rate Regime*. University of Lansanne and New York University, Memo, 1998.

[198] Jean Imbs, Sectors and the OECD Business Cycle, CEPR Discussion Paper, No. 2473, June 2000.

[199] Jean Imbs, The Real Effects of Financial Integration. *Journal of International Economics*, Vol. 68, No. 2, March 2006, pp. 296 – 324.

[200] Jean Imbs, Trade, Finance, Specialization, and Synchronization. *Review of Economics and Statistics*, Vol. 86, No. 3, August 2004, pp. 723 – 734.

[201] Jeffrey A. Frankel and Andrew K. Rose, The Endogeneity of the Optimum Currency Area Criteria. *Economic Journal*, Vol. 108, No. 449, 1998, July 1998, pp. 1009 – 1025.

[202] Jeffrey A. Frankel and David Romer, Trade and Growth: An Empirical Investigation. NBER Working Papers, No. 5476, 1996.

[203] Jonathan Heathcoteand Fabrizio Perri, Financial Autarky and International Business Cycles. *Journal of Monetary Economics*, Vol. 49, No. 3, April 2002, pp. 601 – 627.

[204] Julian Di Giovanni and Andrei A. Levchenko, Putting the Parts To-

参 考 文 献

gether: Trade, Vertical Linkages, and Business Cycle Comovement. *American Economic Journal: Macroeconomics*, Vol. 2, No. 2, April 2010, pp. 95 – 124.

[205] Keith Pilbeam, *International Finance*. Palgrave Macmillan Press. Third edition, 2006.

[206] Kozo Ueda, Banking Globalization and International Business Cycles: Cross – Border Chained Credit Contracts and Financial Accelerators. *Journal of International Economics*, Vol. 86, No. 1, January 2012, pp. 1 – 16.

[207] Kwangsuk Han, Is East Asia an Optimal Currency Area? Evidence from the Application of Various OCA Criteria. Dissertation, Advisor: Thomas D. Willett, Department of Economics, at Claremont Graduate University, 2009.

[208] Kwanho Shin and Yunjong Wang. Trade Integration and Business Cycle Synchronization in East Asia. *Asian Economic Papers*, Vol. 2, No. 3, Fall 2003, pp. 1 – 20.

[209] Linyue Li. *Trade Linkages, FDI and Business Cycle Synchronization: China and World Economy*. Germany: LAMBERT Academic Publishing, 2016.

[210] Linyue Li, Updating China's Role in the World Economy: Economic Transformation and Its Policy Implications. *Journal of Mathematics and Statistical Science*, Vol. 2016, July 2016, pp. 412 – 425.

[211] Linyue Li. Convergence or Decoupling in East Asia through Trade Transmission: An Empirical Study by using Standard Correlation Approaches and Dynamic Factor Models, LAP LAMBERT Academic Publishing, 2012.

[212] Linyue Li. Deepening Interdependence or Decoupling Hypothesis In East Asia through Trade Transmission: An Empirical Study Using Dynamic Factor Models and Standard Approaches, LAP LAMBERT Academic Publishing, 2014.

[213] Luca Dedola and Giovanni Lombardo, Financial Frictions, Financial Integration and the International Propagation of Shocks. *Economic Policy*, Vol. 27, No. 70, April 2012, pp. 319 – 359.

[214] A. Rivera – BatizLuis, A. OlivaMaria, *International Trade Theory, Strategies and Evidence*. Oxford and New York: Oxford University Press, 2007, pp. 56 – 67.

[215] M. Ayhan Kose and Kei – Mu Yi, Can the Standard International

Business Cycle Model Explain the Relation between Trade and Comovement. *Journal of International Economics*, Vol. 68, No. 2, March 2006, pp. 267 – 295.

[216] M. Ayhan Kose and Kei – Mu Yi, International Trade and Business Cycles: Is Vertical Specialization the Missing Link? *American Economic Review*, Vol. 91, No. 2, May2001, pp. 371 – 375.

[217] M. Ayhan Kose, Christopher Otrok, and Eswar S. Prasad, Global Business Cycles: Convergence and Decoupling? NBER Working Papers, No. 14292, 2008a.

[218] M. Ayhan Kose, Christopher Otrok, and Charles H. Whiteman, Understanding the Evolution of World Business Cycles. *Journal of International Economics*, Vol. 75, No. 1, May2008b, pp. 110 – 130.

[219] M. Ayhan Kose, Christopher Otrok, and Charles H. Whiteman, International Business cycles: World, Region, and Country Specific Factors. *American Economic Review*, Vol. 93, No. 4, September 2003, pp. 1216 – 1239.

[220] Marianne Baxter and Alan C. Stockman, Business Cycle and the Exchange Rate Regime: Some International Evidence. *Journal of Money Economics*, Vol. 23, No. 3, May 1989, pp. 377 – 400.

[221] Marianne Baxterand Dorsey D. Farr, Variable Capital Utilization and International Business Cycles. *Journal of international Economics*, Vol. 65, No. 2, March 2005, pp. 335 – 347.

[222] Marianne Baxter and Mario J. Crucini, Business Cycles and the Asset Structure of Foreign Trade. *International Economic Review*, Vol. 36, No. 4, November 1995, pp. 821 – 854.

[223] Marianne Baxter and Michael A. Kouparitsas, Determinants of Business Cycle Co-movement: A Robust Analysis. *Journal of Monetary Economy*, Vol. 52, No. 1, January 2005, pp. 113 – 157.

[224] Marianne Baxter, International Trade and Business Cycle. NBER Working Paper, No. 5025, 1995.

[225] Marianne Baxter, *International Trade and Business Cycles*. G. M. Grossman and K. Rogoff (ed.), Handbook of International Economics, edition1, Vol. 3, Chapter 35, 1995, pp. 1801 – 1864.

[226] Mario J. Crucini, M. Ayhan Kose, and Christopher Otrok, What are

the Driving Forces of International Business Cycles? *Review of Economic Dynamics*, Vol. 14, No. 1, January 2011, pp. 156 – 175.

[227] Mark Gradstein and Marc P. B. Klemp, Can Black Gold Shine? The Effect of Oil Prices on Nighttime Light in Brazil. CEPR Discussion Paper, No. 11686, 2016.

[228] Masaaki Kotabe and K. Scott Swan, The Role of Strategic Alliances in High-technology New Product Development. *Strategic Management Journal*, Vol. 16, No. 8, November 1995, pp. 621 – 636.

[229] Matteo Iacoviello and Raoul Minetti, International Business Cycles with Domestic and Foreign Lenders. *Journal of Monetary Economics*, Vol. 53, No. 8, November 2006, pp. 2267 – 2282.

[230] Michael B. Devereux and Alan Sutherland, Country Portfolio Dynamics. *Journal of Economic Dynamics and Control*, Vol. 34, No. 7, July 2010, pp. 1325 – 1342.

[231] Michael B. Devereux and Alan Sutherland, Country Portfolios in Open Economy Macro – Models. *Journal of the European Economic Association*, Vol. 9, No. 2, April 2011, pp. 337 – 369.

[232] Michael B. Devereux and James Yetman, Leverage Constraints and the International Transmission of Shocks. *Journal of Money, Credit and Banking*, Vol. 42, Supplement September 2010, pp. 71 – 105.

[233] Michael W. Lawless and Linda Finch Tegarden, A Test of Performance Similarity among Strategic Group Members in Conforming and Non-conforming Industry Structures. *Journal of Management Studies*, Vol. 28, No. 6, November 1991, pp. 645 – 664.

[234] Nan Zhang, Has Asia Decoupled from the Advanced Economies? Evidences in Equity Markets in the Recent Financial Crises, Western Economic Association International conference, 2011.

[235] National Geophysical Data Center. Version 4 DMSP – OLS Nighttime Lights Time Series. 2013. http://www.ngdc.noaa.gov/dmsp/downloadV – 4composites.html.

[236] OECD. Global Value Chains and Trade in Value – Added: An Initial Assessment of the Impact on Jobs and Productivity. OECD Trade Policy Papers, No. 190, OECD Publishing, Paris, 2016.

［237］ OECD. Trade in Value Added: Role of Intermediates and Services. In OECD Facebook 2015 – 2016: Economic, Environmental and Social Statistics, OECD Publishing, Paris, 2016.

［238］ Olivier J. Blanchard, Mitali Das, and Hamid Faruqee, The Initial Impact of the Crisis on Emerging Market Countries, *Brookings Papers on Economic Activity*, No. 1, Spring2010, pp. 263 – 307.

［239］ Orawan Permpoon and Thomas D. Willett, Business Cycle Synchronization and OCA Criteria for Asia. Western Economic Association Conference, July 2, 2007.

［240］ Orawan Permpoon, Essays in OCA Analysis, an OCA in East Asia. Dissertation Presented in Partial Fulfillment for an Ph. D. Degree at Department of Economics, Claremont Graduate University, 2009.

［241］ Pedro André Cerqueira and Rodrigo Martins, Measuring the Determinants of Business Cycle Synchronization Using A Panel Approach Short Communication. *Economics Letters*, Vol. 102, No. 2, February 2009, pp. 106 – 108.

［242］ P. B. Rana, Trade Integration and Business Cycle Synchronization: The Case of East Asia. Office of Regional Economic Integration, Asian Development Bank, Working Paper, No. 10, 2007.

［243］ Paul De Grauwe and Zhaoyong Zhang, Monetary Integration and Exchange Rate Issues in East Asia. *World Economy*, Vol. 35, No. 4, April 2012, pp. 397 – 404.

［244］ Paul R. Krugman, Lesson of Massachusetts for EMU. In F. Giavazziand F. Torres (eds.), *Adjustment and Growth in the EMU*. Cambridge: University Press, 1993.

［245］ Paul R. Krugman, *The International Financial Multiplier*. Princeton University, 2008.

［246］ Paul R. Krugman, Intra – Industry Specialization and Gains from Trade. *Journal of Political Economy*, Vol. 89, No. 5, 1981, pp. 959 – 973.

［247］ Pedro André Cerqueira and Rodrigo Martins, Measuring the Determinants of Business Cycle Synchronization Using A Panel Approach. *Economics Letters*, Vol. 102, No. 2, February 2009, pp. 106 – 108.

［248］ Peter B. Kenen, The Theory of Optimum Currency Areas: An Eclectic View. In Mundell, R. and Swoboda, A. K. (eds.), *Monetary Problems of the International Economy*, Conference on International Monetary Problems, Chicago: University Press, 1969, pp. 41 –60.

[249] Philip R. Lane and Gian Maria Milesi – Ferretti, The External Wealth of Nations: Measures of Foreign Assets and Liabilities for Industrial and Developing Countries. *Journal of International Economics*, Vol. 55, No. 2, 2001, pp. 263 –94.

[250] Pierrer – Olivier Gourinchas and Olivier Jeanne, Capital Flows to Developing Countries: The Allocation Puzzle. NBER Working Paper, No. 13602, November 2007.

[251] Pierre – Oliver Gourinchas and Helene Rey, International Financial Adjustment. *Journal of Political Economy*, Vol. 115, No. 4, August 2007, pp. 665 –703.

[252] Reuven Glick and Andrew K. Rose, Does A Currency Union Affect Trade? The Time Series Evidence. *European Economic Review*, Vol. 46, No. 6, June 2002, pp. 1125 –1151.

[253] Robert A. Mundell, A Theory of Optimum Currency Areas. *American Economic Review*, Vol. 51, No. 4, September 1961, pp. 657 –665.

[254] Robert C. Johnson and Guillermo Noguera, Accounting for Intermediates: Production Sharing and Trade in Value Added. *Journal of International Economics*, Vol. 82, No. 2, 2012, pp. 224 –236.

[255] Robert Kollmann, Zeno Enders and Gernot J. Muller, Global Banking and International Business Cycles. *European Economic Review*, Vol. 55, No. 3, April 2011, pp. 407 –426.

[256] Robert Koopman, Zhi Wang, and Shang – Jin Wei, Tracing Value – Added and Double Counting in Gross Exports, NBER Working Paper, No. 18579, 2012.

[257] Romain Duval, Nan Li, Richa Saraf, and Dulani Seneviratne. Value-added Trade and Business Cycle Synchronization. *Journal of International Economics*, Vol. 99, 2016, pp. 251 –262.

[258] Rooholah Hadadi. *Three Essays on International and International Trade and Economic Growth*. Florida International University, 2016.

[259] Shaghil Ahmed, Barry W. Ickes, Ping Wang and Byung Sam Yoo,

International Business Cycles. *American Economic Review*, Vol. 83, No. 3, June 1993, pp. 335 – 359.

[260] Soyoung Kim, Jong – Wha Lee, and Cyn – Young Park, Emerging Asia: Decoupling or Recoupling. *The World Economy*, Vol. 34, No. 1, January 2011, pp. 23 – 53.

[261] Stéphane Dées and Nico Zorell, Business Cycle Synchronisation: Disentangling Trade and Financial Linkages. *Open Economies Review*, Vol. 23, No. 4, September 2012, pp. 623 – 643.

[262] Stephanie Schmitt – Grohe and Martin Uribe, Optimal Simple and Implementable Monetary and Fiscal Rules. *Journal of Monetary Economics*, Vol. 54, No. 6, September 2007, pp. 1702 – 1725.

[263] Stephen A. Schuker, *Barry Eichengreen. Golden Fetters: The Gold Standard and the Great Depression*, 1919 – 1939. New York: Oxford University Press, 1992, pp. xix, 448.

[264] Sven W. Arndt and Alex Huemer, Trade, Production Networks and the Exchange Rate. *Journal of Economic Asymmetries*, Vol. 4, No. 1, June 2007, pp. 11 – 39.

[265] Tamim Bayoumi, Barry Eichengreen, Paolo Mauro, On Regional Monetary Arrangements for ASEAN. *Journal of the Japanese and International Economies*, Vol. 14, No. 2, June 2000, pp. 121 – 148.

[266] Thomas A. Croft, Burning Waste Gas in Oil Fields. *Nature*, Vol. 245, No. 5425, 1973, pp. 375 – 376.

[267] Thomas D. Willett, Orawan Permpoon, and Clas Wihlborg, Endogenous OCA Analysis and the Early Euro Experience. *World Economy*, Vol. 33, No. 7, July 2010, pp. 851 – 872.

[268] Thomas D. Willett, Priscilla Liang, and Nan Zhang, Global Contagion and the Decoupling Debate. In The Evolving Role of Asia in Global Finance (Frontiers of Economics and Globalization, Vol. 9, Bingley, U. K.: Emerald), ed. Yin – Wong Cheung, Vikas Kakkar, and Guonan Ma, Bingley: Emerald Group Publishing, 2011, pp. 215 – 34.

[269] Tilottama Ghosh, R. L. Powell, C. D. Elvidge, K. E. Baugh, P. C. Sutton, and S. Anderson, Shedding Light on the Global Distribution of Economic Activity. *Open Geography Journal*, Vol. 3, No. 1, 2010.

[270] Timothy Sturgeon, Johannes Van Biesebroeck, and Gary Gereffi, Value Chains, Networks and Clusters: Reframing the Global Automotive Industry. *Journal of Economic Geography*, Vol. 8, No. 3, May 2008, pp. 297 – 321.

[271] Toan Nguyen, Determinants of Business Cycle Synchronization in East Asia: An Extreme Bound Analysis. Working Paper. Sakyo-ku, Kyoto, Japan, January 2007.

[272] Ulrich Volz, *Prospects for Monetary Cooperation and Integration in East Asia*. Cambridge and London: MIT Press Books, pp. 612 – 616, 2010.

[273] W. Wassily Leontief, *The Structure of American Economy*, 1919 – 1929: *An Empirical Application of Equilibrium Analysis*. Harvard University Press, 1941, pp. 31 – 33.

[274] William C. Gruben, Jahyeong Koo, and Eric Millis, How Much does International Trade Affect Business Cycle Synchronization. Federal Reserve Bank of Texas Research Department, Working Paper, No. 0203, 2002.

[275] Xi Chen and William D. Nordhaus, Using Luminosity Data as a Proxy for Economic Statistics. *Proceedings of the National Academy of Sciences*, Vol. 108, No. 21, May 2011, pp. 8589 – 8594.

[276] Xi Li, Xiaoling Chen, Yousong Zhao, Jia Xu, Fengrui Chen, Hui Li, Automatic Intercalibration of Night-time Light Imagery Using Robust Regression. *Remote Sensing Letters*, Vol. 4, No. 1, January 2013, pp. 46 – 55.

[277] Zsolt Darvas, Andrew K. Rose and György Szapáry, Fiscal Divergence and Business Cycle Synchronization: Irresponsibility is Idiosyncratic. NBER working paper, No. 11580, 2005.

附录 成果要报

运用夜间灯光数据研究"一带一路"
沿线经济体的贸易

运用夜间灯光数据研究"一带一路"沿线经济体与中国的贸易发展状况，可以对缺失的 GDP 数据及 GDP 数据的准确度进行补充，具有一定的研究价值和实践意义。

一、比较而言，夜间灯光数据比 GDP 数据更为直观地反映经济的时空变化

夜间灯光数据来源于生活和生产中使用的照明设施，它们的密度和使用一定程度上反映出一个区域发展的发达水平。这些数据主要从 DMSP/OLS 卫星传感器中获得。早期地球科学或遥感领域的学者将夜间灯光应用于人口密度、GDP、人均收入、城市化和能源消费的研究，探索夜间灯光和其他变量之间的相关性。研究表明，夜间灯光数据与国民生产总值（GDP）或区域生产总值（GRP）存在较高的相关性，为夜间灯光应用于经济学研究奠定了基础。灯光与经济发展之间的联系十分密切。发达的经济地区，尤其是商业活动频繁和人口密集商业和工业区，往往需要更多的照明，其夜间灯光也因此更明亮。灯光数据已被证明其与主要的经济指标高度相关，在估计区域和地方发展、人口变化等方面具有研究潜力。

1. 通过夜光遥感获取的时空连续的经济社会数据，可评估人类活动和区域发展的时空模式，为经济社会统计数据提供有效的补充。"一带一路"作为一个全新的经济合作发展理念，对于其贸易影响因素及贸易趋势的研究十分具有经济价值。在我国建设"一带一路"的时代背景下，要想充分实现投资战略的最终目的，必要前提是获取"一带一路"沿线经济体更为准确的经济社会动态。通过引力模型搭建桥梁，对以灯光数据做贸易预测与实际值的比较，证明了其作为经济参数在"一带一路"贸易研究中的实用性，具有一定的研究价值。

2. 目前，各经济体和国际组织可获得的经济社会统计数据不完善，难以最大程度达到"一带一路"建设的要求，而夜光遥感技术能够有效监测"一带一路"沿线经济体的经济社会动态，特别是对于经济社会统计数据缺失的经济体而言，夜光遥感可以依照自身优势，将这些数据不足进行弥补。此外，通过夜光遥感影像进行影响变化检测分析，从宏观角度了解"一带一路"不同经济体不同区域的经济发展状况，能够更好地把握"一带一路"倡仪构想的实施与理解。

3. 和 GDP 相比较，从空间收集的灯光数据优点在于：首先，灯光数据的信息几乎可以覆盖全球，并可以通过卫星实时更新；其次，可以提供小面积范围的数据信息，并且不容易受到传统的统计或调查带来的误差影响，数据更为准确；最后，在贸易引力模型中，由于灯光数据直接通过遥感图像获得，并且在处理统计过程中不会计入进出口贸易值，可以一定程度上避免模型解释力不足的问题。

二、采用夜间灯光数据衡量 GDP 和贸易切实可行，建议我国进行统计方法的补充

建议今后补充使用夜间灯关数据衡量区域及经济体间的国民收入水平，通过建立引力模型，对全球多个经济体的贸易和灯光数据进行回归。研究表明，灯光数据在研究经济体内部和外部贸易中具有较高的解释能力，其回归系数和通过 GDP 进行回归得到的系数较为相似。

1. GDP 作为解释变量存在一些不足。首先，是数据采集的质量问题。由于统计方法的不完善或者市场的不健全，相较于发达经济体，发展中经济体的 GDP 统计往往存在不准确或数据缺失的问题。因此，依靠传统方法创建的观察指标往往存在较大的误差。即使某些区域经济和人口统计数据由各经济体相关部门或机构定期收集，这些指标或指数的测量误差一般都不会公开报告或者无法测量其大小。在社会学研究中，研究学者经常使用的经济指标，如收入或国内生产总值（GDP）作为假设检验中的回归或控制变量，往往因测量误差不能充分反映变量对研究对象的真实影响。其次，是 GDP 的统计口径问题。在以支出法衡量 GDP 的统计中，进出口额也计入其中，容易降低贸易引力模型回归结果的解释力。代理变量或者工具变量是解决这一问题较好的方法，但找到一个有效的代理变量或工具变量具有一定的难度。为解决这些问题，古德柴尔德（2004）和巴伯恩斯（2013）认为，通过非常规、非调查的方法，如遥感信息的使用，可以作为一种解决方案。其中，夜间灯光数据被认为是解决这些问题较好的工具之一。

2. "一带一路"经济体灯光数据与GDP的相关性检验以及引力模型的回归结果表明,灯光数据与GDP之间具有显著的正相关性。在替代性考察中,回归结果与预期的一致,并与GDP进行回归得到的结果基本吻合,因此,夜间灯光数据可作为经济指标运用于中国与"一带一路"经济体贸易分析之中。与此同时,在分地区的考察中,以灯光数据替代GDP进行考察提升了回归的显著性。此外,灯光数据作为工具变量的实证结果表明,在考察中国对"一带一路"经济体的出口贸易中,灯光数据可以作为工具变量,有效地解决贸易引力模型中的内生性问题。

3. 通过灯光数据和GDP对中国与"一带一路"经济体进出口贸易的预测与实际值对比发现,以灯光数据的贸易预测值与实际值走势基本吻合,拟合效果良好,但是,也存在一定不足。灯光是由经济发展带来的,虽然经济发展会反映在灯光亮度上,但灯光不会随着经济的停滞或放缓而马上消失,具有一定的滞后性。另外,实际进出口除了受经济增长的稳定影响,还受到各种政治、文化和历史事件的随机影响,这些影响存在于方程的误差项中,很难拟合的预测值与实际值完全吻合。因此,将GDP数据与夜间灯光数据同时纳入统计体系可以优势互补,有效改善我国统计数据的质量。

夜间灯光数据在研究"一带一路"的出口贸易引力模型中,可以有效解决由GDP数据的不足带来的一系列问题。同时,夜间灯光数据的拟合效果和GDP以及实际贸易值的走势基本吻合,进一步表明其作为经济指标具有较为良好的使用效果,可以作为GDP数据的补充。但在全球金融危机爆发时,通过GDP预测的贸易值和实际贸易值均下降的情况下,以灯光进行预测的贸易值呈现上升态势,说明灯光数据的不足,需要将GDP数据与夜间灯光数据同时纳入统计体系进行优势互补,改善统计数据的质量,有利于政府准确把握经济社会发展的实际,有效推动科学管理决策,从而更好地为"一带一路"建设的宏伟目标服务。

后　　记

本书经过近两年的写作，终于在 2018 年暑期得以完稿并且非常荣幸地获得中央财经大学 2018 年度学术专著出版资助与经济科学出版社合作出版。看着厚厚的书稿，所有的汗水和心血都凝结成喜悦的果实。

对经济周期协动性相关理论与实证的关注，始于在美国攻读经济学博士期间（2007 年 9 月至 2011 年 5 月），受益于我的导师托马斯·威列特教授（Thomas D. Willett）的启蒙。威列特教授现任克莱蒙研究生大学国际货币金融学系教授，曾在美国哈佛大学任教并在美国财政部及相关政府部门任职，成为国际经济学及国际货币金融学领域特别是研究美国经济周期与金融危机的大家。我对经济周期传导机制的深入探索源自导师对我的悉心指导并给予我高屋建瓴的研究视野。

近 6 年来，我先后主持或参与了多项国家级和省部级课题，主要涉及经济周期、产业集群、自由贸易区建设及战略性新兴产业的发展等问题。通过对这些问题的思考，并结合近两年来经济周期研究及产业结构调整的发展方向，本书试图探索出一条将经济周期传导机制研究深入微观层面并结合产业结构升级促进经济健康快速增长的发展思路。书中的内容也是我围绕这一主题展开研究的一系列成果。

衷心感谢国家自然科学基金青年项目（批准号：71503284）以及中央财经大学 2018 年度学术专著出版的资助，非常感谢经济科学出版社王娟编辑的认真修改与耐心帮助，同时非常感谢在写作过程中给予我关心与鼓励的家人、同事及朋友，在此一并表示衷心感谢。

在本书的写作过程中我参考了大量的中英文文献资料，从中汲取了写作的灵感和精髓。由于书中仍有不少问题还在持续探索中，难免会有所不足，请各位专家学者及读者不吝赐教，在此表示由衷的感谢！

李林玥
2018 年 9 月 8 日于中央财经大学